指導要録記入例＆通知表文例が満載！

新３観点の評価づくり
完全ガイドブック

菅　正隆 編著

小学校
外国語活動

明治図書

はじめに

大阪樟蔭女子大学教授 菅 正隆

2020（令和２）年４月より実施される学習指導要領に関し，事前に学習評価の課題と改善の基本方針が国から示されている。特に課題については，多くの方々がうなずけることと思う。まずは，評価の現状における課題として，以下の５点が示されている。

> ・学期末や学年末などの事後での評価に終始してしまうことが多く，評価の結果が児童生徒の具体的な学習の改善につながっていない。
> ・現行の「関心・意欲・態度」の観点について，挙手の回数や毎時間ノートをとっているかなど，性格や行動面の傾向が一時的に表出された場面を捉える評価であるような誤解が払拭しきれていない。
> ・教師によって評価の方針が異なり，学習改善につなげにくい。
> ・教師が評価のための「記録」に労力を割かれて，指導に注力できない。
> ・相当な労力をかけて記述した指導要録が，次の学年や学校段階において十分に活用されていない。

また，これらの課題に対し，学習評価の改善の基本方針として次のようにまとめられている。

> ①児童生徒の学習の改善につながるものにしていくこと
> ②教師の指導改善につながるものにしていくこと
> ③これまで慣行として行われてきたことでも，必要性・妥当性が認められないものは見直していくこと

学校における働き方改革が喫緊の課題となっていることも踏まえ，上記の基本的な考え方に立って，学習評価を真に意味のあるものとすることが重要とされている。指導をしっかりした上での評価であること，常に指導と評価の一体化を意識することが大切なのである。

外国語活動に転じて考えると，2020（令和２）年４月より，小学校中学年で外国語活動が実施され，これは，2011（平成23）年度から高学年で実施された日本初の外国語活動に次ぐ学習指導要領の２回目の改訂にともなうものである。この改訂の大きな変更点は，単に高学年から中学年に外国語活動が移行したということだけではない。それ以上に，指導の在り方及び評価

の考え方，そして評価の観点が大きく異なっていることにある。総論（基となる力）は，前回も今回も同じく，子どもに身に付けさせるべき力＝『生きる力』の育成である。しかし，各論（具体的な身に付けるべき力，観点）が外国語活動においては，前回の①コミュニケーションへの関心・意欲・態度，②外国語への慣れ親しみ，③言語や文化に関する気付きから，今回は①知識・技能，②思考・判断・表現，③主体的に学習に取り組む態度に改善された。特に，昨今，「考えようとしない子ども」「考える力が低下した子ども」「判断できない子ども」「言葉を上手く使えない子ども」など，巷間耳にする子どもの増加傾向に歯止めをかける意味でも，思考・判断・表現の重要性が叫ばれている。それが，今回の評価の考え方に如実に現れている。

　これらを考えると，授業も根本的に考え直さなければならない。「外国語活動は楽しければよい」「ゲームばかりのお遊びの授業」「ピーチクパーチクの英語ごっこの授業」などと揶揄される授業から脱却する必要がある。まさに，fun から interesting の知的な学びを通した楽しい授業にしていかなければならない。しかも，子ども達が教師から一方的に教えられる受け身的な授業の形態ではなく，子ども自らが考える場面や子ども同士で創作する場面などをふんだんに盛り込んだ授業の構築が求められる。これらは，既に『小学校外国語活動 "Let's Try!1&2" の授業＆評価プラン』（明治図書出版）に詳しいが，これと本書を活用いただければ，小学校における外国語活動での困難さを感じることはない。

　また，外国語活動は高学年の教科「外国語」につながるものである。外国語活動は領域であり，しかも，週１回程度であることから，授業を軽視することは子ども達にリスクを負わせることになる。つまり，外国語活動で既に英語嫌いの子どもをつくったり，教師が授業で手を抜くことで高学年の外国語の授業でちんぷんかんぷんにしてしまったりと，罪深いことをしてしまうことになりかねない。したがって，指導をしっかりと行い，評価はそれを確認するためのものとするように努めることである。それが子どものためでもあり，教師自身の指導力向上にもつながるのである。

　本書では，評価の考え方や目標（①知識及び技能，②思考力，判断力，表現力等，③学びに向かう力，人間性等）の立て方，学習評価（①知識・技能，②思考・判断・表現，③主体的に学習に取り組む態度）の評価規準の作り方，指導要録の書き方や通知表の書き方まで事細かに例を示している。先に示したように，多忙な先生方にとって，普段の授業から学期末や学年末の通知表や指導要録の作成に至るまでの評価の参考になれば幸いである。
　最後に，本書の執筆を担当した方々は，それぞれの地域で長年に渡り外国語教育に携わってきた先生方である。自信をもってお奨めできる一冊である。

本書の特長と使い方

　本書は，外国語活動における評価の考え方や評価の在り方等について紹介したものである。
　小学校における外国語活動は，平成23年度から高学年で完全実施され，令和２年度からは中学年で完全実施され，特に，外国語活動の評価については，学習指導要領の改訂にともない，「コミュニケーションへの関心・意欲・態度」「外国語への慣れ親しみ」「言語や文化に関する気付き」から「知識・技能」「思考・判断・表現」「主体的に学習に取り組む態度」の観点に変更された。また，平成31年３月29日文部科学省から「小学校，中学校，高等学校及び特別支援学校等における児童生徒の学習評価及び指導要録の改善等について」の通知が出され，外国語活動の評価もこの通知を踏まえて実施することになった。そこで，以下の点に留意していただき，本書の内容を各学校の子どもの実態に応じて改善し，活用いただければ幸いである。

　本書は，小学校学習指導要領（平成29年度告示）解説総則編及び外国語活動・外国語編（平成29年７月），小学校，中学校，高等学校及び特別支援学校等における児童生徒の学習評価及び指導要録の改善等について（通知）（平成31年３月29日），「指導と評価の一体化」のための学習評価に関する参考資料（小学校・中学校）等を参考に作成した。表記方法や文言等に関しては，学校で最も使いやすいように工夫をし，以下の省略表記にした。

　（聞）→内容のまとまり（領域）：聞くこと
　（や）→内容のまとまり（領域）：話すこと（やり取り）
　（発）→内容のまとまり（領域）：話すこと（発表）

1　Chapter1

　外国語活動の評価の考え方や評価規準作成のポイントを紹介している。外国語活動の評価の考え方については，本書の付録に掲載している文部科学省の通知も読んでいただきたい。

2　Chapter2

　評価規準作成について紹介している。３つの観点の評価規準は，例として提示しているので各学校の実態に応じて内容を検討していただき，各時間における具体的な評価の在り方については，主な活動において３つの観点の中から特に評価したい観点に絞り，その観点から評価している内容を記載しているので，子どもの実態に応じて活動や観点を考えていただきたい。

3　Chapter3

　指導要録や通知表の作成や記入文例を紹介している。指導要録は文部科学省が示した参考様

式をもとに，各市町村教育委員会で様式を定めることになっている。また，通知表についても各学校によって様式もさまざまである。したがって，外国語活動を評価する観点や記入するスペースは各市町村教育委員会や各学校で異なる。本書で示しているのは，あくまでも記入文例であり，観点や記入する内容等は各学校の状況によって検討いただきたい。

4 Chapter4

"Let's Try！1＆2" を活用した評価事例を紹介している。例の中では，可能な限り評価の観点を1つに絞っているので，子どもの実態に応じて検討いただきたい。

Chapter4（pp.82-85）

p.82

p.83

p.84

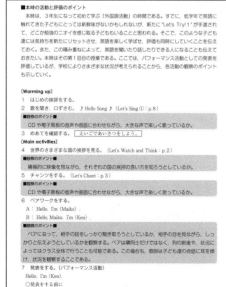

p.85

CONTENTS

Chapter

外国語活動の評価の考え方と新3観点の評価規準作成のポイント5

Chapter

外国語活動・全70時間の新3観点の評価規準作成マニュアル

Chapter

すぐに使える！
新3観点の指導要録記入例＆
通知表の文例集

Chapter

4 実録で分かる！できる！新3観点の外国語活動評価事例18

Chapter 1

外国語活動の評価の考え方と
新3観点の評価規準作成の
ポイント5

1 評価の考え方

1 外国語活動の目標

　外国語活動の評価について考える際，最も基本に置かなければならないことは，外国語活動の目標である。学習指導要領における目標は以下の通りである。

> 　外国語によるコミュニケーションにおける<u>見方・考え方</u>を働かせ，外国語による聞くこと，話すことの<u>言語活動</u>を通して，コミュニケーションを図る<u>素地</u>となる資質・能力を次のとおり育成することを目指す。（下線部筆者）
>
> (1)　外国語を通して，言語や文化について体験的に理解を深め，日本語と外国語との音声の違い等に気付くとともに，外国語の音声や基本的な表現に慣れ親しむようにする。
>
> (2)　身近で簡単な事柄について，外国語で聞いたり話したりして自分の考えや気持ちなどを伝え合う力の素地を養う。
>
> (3)　外国語を通して，言語やその背景にある文化に対する理解を深め，相手に配慮しながら，主体的に外国語を用いてコミュニケーションを図ろうとする態度を養う。

　ここで言う下線部「見方・考え方」「言語活動」「素地」は以下の通り説明がつく。

・「見方・考え方」とは，英語を使って他者とコミュニケーションを図る際には，相手とどのように対峙し，どのような内容を話すのか，相手はどのような人なのか，どのような文化や環境下で生きてきた人なのかなどのさまざまな状況（スキーマ）を考え巡らし，コミュニケーションを行う目的や場面，状況に合わせて，臨機応変に情報や考えを整理しながら，自分の伝えたいこと相手に伝えていくことである。

・「言語活動」とは，言葉を使って，他者と聞いたり話したりしながら，意思疎通を図ることであるが，外国語活動では，英語の語彙や表現などの言語材料を用いて実際に使えるように（活用できるように）するために，体験活動としての言語活動を行う。これはコミュニケーション活動ともいい，一つの表現練習と捉えてもよい。

・「素地」とは，平成23年度に導入された高学年の「外国語活動」の目標にも掲げられていたものである。この言葉は，筆者が文部科学省の調査官当時，英語の技能以前の問題として，日本の子ども達の自尊感情の低さや，英語に対する抵抗感，人前で恥ずかしがって話せない子ども，外国人に対する抵抗感や違和感等に関するエビデンスを基に生み出したものである。これは，人前でも大きな声で恥ずかしがらずに話せる子ども，外国人に対しても臆せず話そうとする子ども，誰とでも話そうとする子ども，英語の使用を楽しいと思える子ども等，このような子どもを育てない限り，英語など使いたいとも楽しいとも思わないとの考えから生み出したものである。英語以前の課題を外国語活動で解決して（情意フィルターを下げて）から，英語教育につなげることが重要である。

2 評価の在り方

先に掲げた外国語活動の目標に沿って，指導（授業指導）が行われるが，指導と評価の一体化と言われるように，しっかりと指導ができて初めて評価（学習評価）ができるのである。評価とは，子どもの学習の状況が目標のどの程度まで達しているのかを適切に見取り，子どもの学習の改善や教師の指導の在り方を見直すことに利用するものである。学習指導要領第3章教育課程の編成及び実施　第3節　教育課程の実施と学習評価　2　学習評価の充実には以下のようにある。

> (1) 児童のよい点や進歩の状況などを積極的に評価し，学習したことの意義や価値を実感できるようにすること。また，各教科等の目標の実現に向けた学習状況を把握する観点から，単元や題材など内容や時間のまとまりを見通しながら評価の場面や方法を工夫して，学習の過程や成果を評価し，指導の改善や学習意欲の向上を図り，資質・能力の育成に生かすようにすること。
>
> (2) 創意工夫の中で学習評価の妥当性や信頼性が高められるよう，組織的かつ計画的な取組を推進するとともに，学年や学校段階を越えて児童の学習の成果が円滑に接続されるように工夫すること。

これらからも分かるように，評価の在り方とは以下の3点にまとめられる。

①子どもの学習改善につながるもの

・評価から，子ども自身が次の学習に向かうようにするため。

②教師の指導改善につながるもの

・評価から，指導の在り方を見直し，子どもの状況に合致しているか考えるため。

③複合的に指導の抜本的な改革，及び指導の継続のためのもの

・指導を取り巻く環境も含め，適切かを複合的に考えるエビデンスとして（例えば，1時間目の授業では，効果が期待できない等）

また，適切な評価を行うためには，PDCAサイクルが学校や学年で共有化され，活用されることが重要である。指導や評価だけなど一つの行程ばかりに固執しないようにすることである。外国語活動でも以下のサイクルが成り立つ。

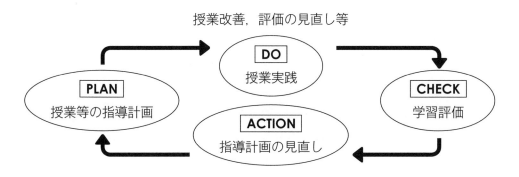

2 評価の留意点

1 主体的・対話的で深い学びと評価

適切な評価を行うためには，指導においても子どもの状況を適切に判断しなければならない。特に学習指導要領で求められる「主体的・対話的で深い学び」（いわゆるアクティブ・ラーニング）の視点で授業を改善し，確実に外国語活動における子ども達の資質・能力を向上させていかなければならない。そのためにも必要となるのが評価である。この評価により，教師自身の指導の在り方を振り返ることが可能になる。

では，主体的・対話的で深い学びを実現するためには，外国語活動のどのような点に注意すべきであろうか。以下にまとめた。

(1)教師中心ではなく，子ども中心に授業を組み立てる

・教師が日本語（時には英語）による説明に多くの時間を費やしたり，子ども達が常に聞き手に回るような授業は避け，子ども達が英語を使う場面を増やしたり，考える時間を多く設けるなど，子ども自らが活動する時間を多くすることである。外国語活動は，子ども自らが英語を使ってこその授業である。教師の「教えなければならない」など教師の使命感は抑制し，常に授業は子どもが主役であると考え，授業を進めることである。

(2)インターラクション（子どもとの対話）を増やす

・言葉で説明する以上に効果があるのは，子ども達の視覚や聴覚に訴えることである。「～と言うんだよ」「～と答えるんだよ」などと言葉で説明するより，子どもとのインターラクションを見せたり，モデルを示したりすることの方がはるかに理解度を増すことができる。

(3)友達をよき教師として利用する

・子ども達が教師から教えられることは多々あるが，それ以上に外国語活動では，友達から教えられる部分も多々ある。それは，外国語活動はコミュニケーションを司る科目であり，人と人とを言葉で結ぶ活動を通して，コミュニケーション能力を向上させるものである。したがって，他者と対面し，聞いたり話したりすることで，言語自己治癒力を活性化し，子ども自らが更なる高みを目指すものである。

(4)ペア活動，グループ活動を効果的に利用する

・外国語活動での言語活動には，ペア活動やグループ活動は欠かせない。しかし，これもマンネリ化すると効果は期待できない。そこで，ペアの相手やグループのメンバーを数回ごとに変えたり，グループ内での役割（司会，まとめ役，発表者など）をローテーションとしたりして，全員参加できるようにすることである。

以上の指導を継続的に行い，効果を上げているかどうかを判断するために，評価は重要なものであり，次のステップへの架け橋になるものである。

2 カリキュラム・マネジメントと評価

　外国語活動の目標を達成するためには，広い視野をもって，例えば，誰が教えるのかから始まり，指導内容，さまざまな言語活動（コミュニケーション活動），教材，教具，そして評価に至るまでを一連の流れとして学校や学年，学級で作成していくことが必要である。評価をする際には，この一連の流れがあってこそ，評価を適切に行うことができ，時には課題がどこにあるかまでもが如実に分かってくる。そのために必要な部分はどこか，具体的に示していく。

①子ども達の実態の把握（校内）
・外国語活動を実施する以前の低学年では，どの程度まで英語に触れてきたかを把握
・小学校入学以前の幼稚園，保育園等での英語に触れた経験の把握
・家庭内での英語使用の有無

②指導者の選定（管理職業務）
・外国語活動担当者の選定
・指導支援者の有無，選定

③校内研修の充実（研修主担当者）
・指導力向上研修の実施
・英語運用能力向上研修の実施

④目標の作成と確認（校内）
・各学年ごとの目標設定と確認及び改善
・子どもの現状と目標とのすり合わせ

⑤中学年・高学年一貫の指導計画の立案（中学年，高学年担当者）
・4年一貫の指導計画の立案
・単元，取り扱う内容，活動，評価の作成

⑥外国語活動の具体的な指導計画作成（中学年担当者）
・具体的な活動，評価の対象とする活動の計画作成
・学年ごとの評価規準の作成

⑦1年間の指導計画作成（クラス担任）
・年間指導計画の作成
・35回分の授業案の作成

⑧教材・教具の準備，作成（クラス担任）
・教材・教具の準備，再利用
・教材・教具の作成，共有化

⑨評価の一貫性とその活用（校内）
・4年間の一貫した評価の在り方の確認，改善
・評価の活用方法に関する共通理解

3 評価の観点について

1 評価の基本的な構造

　今回の学習指導要領においては，平成20年度改訂，平成23年度実施の前学習指導要領の目標と観点が新しく整理されている。

　今回の目標は以下の三点である。

①知識及び技能

②思考力，判断力，表現力等

③学びに向かう力，人間性等

これを外国語活動の目標の中の資質・能力に照らし合わせると以下のようになる。

①知識及び技能

⑴外国語を通して，言語や文化について体験的に理解を深め，日本語と外国語との音声の違い等に気付くとともに，外国語の音声や基本的な表現に慣れ親しむようにする。

②思考力，判断力，表現力等

⑵身近で簡単な事柄について，外国語で聞いたり話したりして自分の考えや気持ちなどを伝え合う力の素地を養う。

③学びに向かう力，人間性等

⑶外国語を通して，言語やその背景にある文化に対する理解を深め，相手に配慮しながら，主体的に外国語を用いてコミュニケーションを図ろうとする態度を養う。

　また，観点は前学習指導要領の４観点から３観点に整理されている。

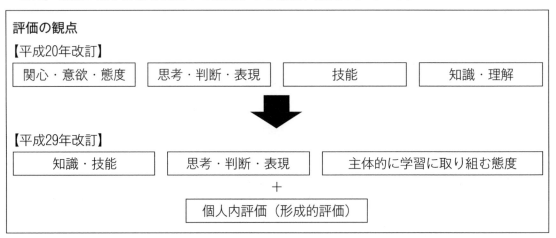

　平成20年度の改訂では，外国語活動の観点は「コミュニケーションへの関心・意欲・態度」「外国語への慣れ親しみ」「言語や文化に関する気付き」であったが，今回「知識・技能」「思考・判断・表現」「主体的に学習に取り組む態度」に整理され，加えて，子どものよい点や可能性，進歩の状況など一人一人の個人内評価も加味することとなった。

2 三つの観点の評価について

(1)「知識・技能」の評価について

　英語教育における知識・技能と言えば，知識面では，例えば，中学校や高等学校で経験したように，学習した英単語をいくつ覚えているか，文法事項を知っているかなどが思い浮かぶ。技能面では，正しい発音ができるか，相手に伝わる表現を身に付けて使えるようになっているかなどが考えられる。これらは，習得すべき技能として指導が行われている場合には観点として間違ってはいない。つまり，「知識」面では，授業の中で指導した習得すべき知識や重要な概念等を理解しているかを評価し，「技能」面では，指導した習得すべき技能が身に付いているかを評価するのである。学習指導要領の目標に照らし合わせると，次のようになる。

　　・外国語を通して，言語や文化について体験的に理解を深めている。(知識)
　　・日本語と外国語との音声の違い等に気付いている。(知識)
　　・外国語の音声や基本的な表現に慣れ親しんでいる。(技能)

(2)「思考・判断・表現」の評価について

　この観点は，今回の学習指導要領で最も重要視されているものである。「考えられる子」「しっかりと自分の考えを伝えられる子」の育成が求められている。これまでは，高校や大学の入試でも語彙力や文法力等を問う問題で評価していたが，これからは，思考し，判断し，言葉で表現する能力を評価する時代である。つまり，授業等で得た知識や技能を用いて（活用して），課題や問題を解決するために考え，判断した上で，発信していることを評価していくことになる。学習指導要領の目標に照らし合わせると，以下のようになる。

　　・身近で簡単な事柄について，外国語で聞いたり話したりして自分の考えや気持ちなどを伝
　　　え合っている。

(3)「主体的に学習に取り組む態度」の評価について

　この観点は，以前の「関心・意欲・態度」に近いものである。この観点では，2つの要素が考えられる。一つ目は，知識や技能を身に付けるためや，思考力，判断力，表現力を向上させるために，自ら進んで学んだり，積極的に活動に参加したりするなど，学びに向かおうとする面と，二つ目には，おとなしい性格の子どもが日々努力して進歩していたり，支援の必要な子どもに寄り添って一緒に活動に参加するなどの面の二つに分けられる。これらは，前者は「主体的に学習に取り組む態度」の観点で評価し，後者は，個人内評価として評価していくことになる。そして，前者では，「知識及び技能を獲得したり，思考力，判断力，表現力等を身に付けたりするために粘り強い取組を行おうとしている側面」や「粘り強い取組を行う中で，自らの学習を調整しようとする側面」とを評価することになる。なお，これらを学習指導要領の目標に照らし合わせると，以下のようになる。

　　・外国語を通して，言語やその背景にある文化に対する理解を深め，相手に配慮しながら，
　　　主体的に外国語を用いてコミュニケーションを図ろうとしている。

4 評価規準の作成について

1 評価規準の作成に向けて

単元ごとの評価規準を作成するためには，以下の順に従って作成することとなる。

(1)学習指導要領の目標の確認（2年間の目標の確認）

(2)学校ごとの年間目標の設定（3年生，4年生別の目標の設定）

(3)学年ごとの評価規準の作成（3年生，4年生別の評価規準の設定）

(4)学習指導要領における内容のまとまり（三つの領域）別の目標の確認

(5)学習指導要領における内容のまとまり（三つの領域）別の評価規準の確認

これらに基づき，具体的に単元ごとの評価規準作成に進む。

(6)単元ごとの目標の設定

(7)単元ごとの評価規準の作成（内容のまとまり（三つの領域）と三つの観点）

学習指導要領における目標は，2年間の外国語活動を通した目標である。つまり，外国語活動が3年生から始まり，4年生の終了時までに身に付けておかなければならないものが書かれている。学校としては，この目標を達成するために，1年ごとの目標を設定しなければならない。3年次の1年間の目標と4年次の1年間の目標をそれぞれ設定し，最終的に学習指導要領の2年間の目標に到達することが求められる。この1年ごとの目標を設定するためには，学校の状況，子どもの実状を十分に配慮しながら設定することである。あまり高い目標を設定したり，容易に達成できそうな目標を設定したりすることは，能力の向上を図ることに欠け，時には授業崩壊をも引き起こすきっかけにもなりかねない。十分に，学校や学年で検討したい点である。

例えば，学習指導要領の目標を勘案して，学校独自で学年ごとに次のような目標を設定することができる。そして，それぞれの評価の観点と趣旨に沿って，評価規準を設定する。

【3年】

外国語を通して，言語や文化について体験的に理解を深め，日本語と外国語との音声の違い等に気付くとともに，身近で簡単な事柄について，外国語で聞いたり話したりして，言語やその背景にある文化に対する理解を深める。

【4年】

外国語を通して，外国語の音声や基本的な表現に慣れ親しむとともに，自分の考えや気持ちなどを伝え合う力の素地を養い，相手に配慮しながら，主体的に外国語を用いてコミュニケーションを図ろうとする態度を養う。

これらを基に，3年生及び4年生の評価の観点別の規準を作成することになる。しかし，場合によっては，煩雑になることを避け，学年の目標を作成した後に，単元ごとの目標を設定し，評価規準を作成することも考えられる。

【3年評価の観点及びその趣旨】

知識・技能	思考・判断・表現	主体的に学習に取り組む態度
言語や文化について体験的に理解を深め，日本語と外国語との音声の違い等に気付いている（知）。	身近で簡単な事柄について，外国語で聞いたり話したりしている。	言語やその背景にある文化に対する理解を深めようとしている。

【4年評価の観点及びその趣旨】

知識・技能	思考・判断・表現	主体的に学習に取り組む態度
外国語を通して，外国語の音声や基本的な表現に慣れ親しんでいる（技）。	自分の考えや気持ちなどを伝え合っている。	主体的に外国語を用いてコミュニケーションを図ろうとしている。

2 内容のまとまりごとの評価規準の作成

　小学校外国語活動における「内容のまとまり」とは学習指導要領に示されている「三つの領域」のことである。これらの目標は以下の通りである。

○聞くこと
　ア　ゆっくりはっきりと話された際に，自分のことや身の回りの物を表す簡単な語句を聞き取るようにする。
　イ　ゆっくりはっきりと話された際に，身近で簡単な事柄に関する基本的な表現の意味が分かるようにする。
　ウ　文字の読み方が発音されるのを聞いた際に，どの文字であるかが分かるようにする。
○話すこと［やり取り］
　ア　基本的な表現を用いて挨拶，感謝，簡単な指示をしたり，それらに応じたりするようにする。
　イ　自分のことや身の回りの物について，動作を交えながら，自分の考えや気持ちなどを，簡単な語句や基本的な表現を用いて伝え合うようにする。
　ウ　サポートを受けて，自分や相手のこと及び身の回りの物に関する事柄について，簡単な語句や基本的な表現を用いて質問したり質問に答えたりするようにする。
○話すこと［発表］
　ア　身の回りの物について，人前で実物などを見せながら，簡単な語句や基本的な表現を用いて話すようにする。
　イ　自分のことについて，人前で実物などを見せながら，簡単な語句や基本的な表現を用いて話すようにする。
　ウ　日常生活に関する身近で簡単な事柄について，人前で実物などを見せながら，自分の考えや気持ちなどを，簡単な語句や基本的な表現を用いて話すようにする。

これらの目標を参考に，「内容のまとまり」の評価規準を作成する。その際，三つの観点で記述する。例えば，以下のような評価規準が考えられる。

【知識・技能】（知識と技能は２つに書き分ける）
　　・〔知識〕身の回りの物を表す簡単な語句を知っている。（や）
　　・〔技能〕身の回りの物を表す簡単な語句を聞き取ることに慣れ親しんでいる。（聞）

【思考・判断・表現】
　　・身近で簡単な事柄に関する基本的な表現を用いて，自分の考えを伝え合っている。（や）

【主体的に学習に取り組む態度】
　　・身の回りの物を表す簡単な語句を用いてコミュニケーションを図ろうとしている。（や）

3　単元ごとの評価規準の作成

　単元ごとの評価規準は，単元の目標を踏まえて設定するが，その際，各単元で取り扱う題材や言語材料，単元で行われる言語活動について，三つの観点と内容のまとまり（三つの領域）とを総合的に勘案しながら設定することになる。その際の文書の書き分け方は，以下のような表現になる。

〔聞くこと〕
（知識・技能）：
　　〈知識〉「～について，～している」；知っている。気付いている。理解している。等
　　〈技能〉「～について，～している」；（具体的なことを）身に付けている。（具体的なことに）
　　　　　　慣れ親しんでいる。等
（思考・判断・表現）：「～について，～している」；理解している。捉えている。等
（主体的に学習に取り組む態度）：「～について，～しようとしている」
〔話すこと（やり取り）〕
（知識・技能）：
　　〈知識〉「～について，～している」；知っている。気付いている。理解している。等
　　〈技能〉「～について，～している」；身に付けている。慣れ親しんでいる。等
（思考・判断・表現）：「～について，～している」；伝え合っている。紹介している。等
（主体的に学習に取り組む態度）：「～について，～しようとしている」
〔話すこと（発表）〕
（知識・技能）：
　　〈知識〉「～について，～している」；知っている。気付いている。理解している。等
　　〈技能〉「～について，～している」；身に付けている。慣れ親しんでいる。等
（思考・判断・表現）：「～について，～している」；発表している。伝えている。等
（主体的に学習に取り組む態度）：「～について，～しようとしている」

5 授業における評価方法

1 授業における評価方法の在り方

　外国語活動においては，授業内での子ども達の活動を見取る行動観察が一般的であるが，他にもさまざまな方法が考えられる。例を挙げると以下のようになる。

　(1)行動観察：授業内で子ども達の活動を見取る方法

　(2)発表観察（パフォーマンス評価）：スピーチやスキット，劇などの発表を見取る方法

　(3)インタビュークイズ（テスト）：教師やALT等の質問にどのように答えるかを評価

　(4)原稿点検：発表のためのシナリオや原稿を確認

　(5)リスニングクイズ（テスト）：授業で学習したことの聞き取り確認

　(6)プリント点検：アルファベットの文字の練習等

　(7)ノート点検：アルファベットの文字の練習等

　(8)発表評価シート点検：発表を聞く側が発表について評価をした用紙を確認

　(9)振り返りシート点検：振り返りで使用したシートを確認

などが考えられる。学校や子どもの状況に合わせて，更に，文字や語彙，表現に関するテスト（確認のため）に踏み込むことも考えられるが，あまり無理はしないことである。

　例えば，ある単元を例に考えてみる。

	各時間の評価規準	評価方法
第1時目	【主に評価する観点：知識・技能（知識）】 　世界の国々や地域によって時刻が異なることに（ついて）気付いている。〈聞くこと〉	①行動観察 ②振り返りシート点検
第2時目	【主に評価する観点：知識・技能（技能）】 　時刻や生活時間の言い方に（ついて），慣れ親しんでいる。〈話すこと（やり取り）〉	①行動観察 ②インタビューテスト
第3時目	【主に評価する観点：主体的に学習に取り組む態度】 　自分の生活時間の発表に向けて，進んで練習をしようとしている。〈話すこと（発表）〉	①プリント点検（発表原稿） ②行動観察（練習）
第4時目	【主に評価する観点：思考・判断・表現】 　自分の生活時間について，聞き手を意識しながら，発表している。〈話すこと（発表）〉	①パフォーマンス評価 ②発表評価シート確認 ③振り返りシート確認

　各45分の授業内で，評価できるのはせいぜい1つ，最大でも2つ程度である。評価を行わない時間があっても構わない。評価に集中するあまり，指導が疎かになったのでは，本末転倒である。常に，指導があっての評価であることを忘れてはいけない。

Chapter

2

外国語活動・全 70 時間の
新 3 観点の評価規準
作成マニュアル

第３学年 "Let's Try!1" 35時間の評価規準作成マニュアル

Unit1　Hello!　あいさつをして友だちになろう（2時間）

⑴本単元の評価規準作成例

知識・技能	世界にはさまざまな言葉があることを知り（知），英語での挨拶の仕方や名前の言い方に慣れ親しんでいる（技）。　　　　　　　　　（や）
思考・判断・表現	友達と挨拶をして，自分の名前を伝えたり，相手の名前を聞いたりしている。　　　　　　　　　　　　　　　　　　　　　　　　　（や）
主体的に学習に取り組む態度	友達に，大きな声でジェスチャーも交えながら挨拶をして名前を言おうとしている。　　　　　　　　　　　　　　　　　　　　　（発）

⑵各時間の主な活動と評価のポイント

■第１時（主な評価の観点：主体的に学習に取り組む態度）

評価規準　友達に工夫しながら伝わるように，大きな声でジェスチャーも交えながら挨拶をして名前を言おうとしている。（発）

主な活動（＊評価する活動）	評価のポイント
①歌（Hello Song） ②挨拶のチャンツ（Let's Chant：p.3） ③ペアワーク 　・挨拶の練習 ④発表＊ 　・挨拶と名前をクラスの友達に伝える。	④で，クラスの友達に大きな声で元気よく挨拶をし，自分の名前を伝えようとしているかを観察する。（発）

■第２時（主な評価の観点：思考・判断・表現）

評価規準　友達と挨拶をして，自分の名前を伝えたり，相手の名前を聞いたりしながら，カード交換をしている。（や）

主な活動（＊評価する活動）	評価のポイント
①歌（Hello Song） ②チャンツ（Let's Chant：p.3） ③復習（ペアワーク） 　・挨拶と名前を伝え合う。 ④カード交換①（Activity：p.5）＊ 　・数人の友達とカード交換をする。 ⑤カード交換②＊ 　・まだ交換していない友達と交換する。	④と⑤で，友達に伝わるように挨拶をし，自分の名前を伝えたり，相手の名前を聞いたりしながらカード交換をしている様子を観察する。（や）

Unit2　How are you?　ごきげんいかが？（２時間）

(1)本単元の評価規準作成例

知識・技能	表情やジェスチャーの大切さに気付き（知），感情や状態を表す語や表現を聞くことに慣れ親しんでいる（技）。　　　　　　　　（聞）
思考・判断・表現	表情やジェスチャーを工夫しながら友達と挨拶をし合い，感情や状態を尋ねたり伝え合ったりしている。　　　　　　　　　　　　（や）
主体的に学習に取り組む態度	表情を工夫したりジェスチャーを交えたりしながら，感情や状態を表す表現を積極的に使おうとしている。　　　　　　　　　　（や）

(2)各時間の主な活動と評価のポイント

■第１時（主な評価の観点：知識・技能）

評価規準　表情やジェスチャーの大切さに気付き，感情や状態を表す表現を聞くことに慣れ親しんでいる。（聞）

主な活動（＊評価する活動）	評価のポイント
①歌（Hello Song）（Let's Sing ①：p.8） ②言っていることを予想（Let's Watch and Think ①：pp.6-7） ③線むすび聞き取り（Let's Listen：p.8） 　・ジェスチャー・表現の練習 ④グループでジェスチャークイズ＊ 　・グループでクイズを出し合う。	④で，他のグループと表情を工夫したりジェスチャーを交えたりしながら，感情や状態を伝えている内容を聞き取っている。（聞）

■第２時（主な評価の観点：主体的に学習に取り組む態度）

評価規準　表情を工夫したりジェスチャーを交えたりしながら，感情や状態を伝え合おうとしている。（や）

主な活動（＊評価する活動）	評価のポイント
①歌（Hello Song）（Let's Sing ①：p.8） ②復習 　・ジェスチャークイズ ③ジェスチャー当てクイズ（Let's Watch and Think ②：p.9） 　・ジェスチャーゲーム ④インタビューゲーム（Activity：p.9）＊ 　・友達にインタビューする。	④で，友達に大きな声で挨拶し，ジェスチャーを交えながら，表情を工夫して感情や状態を伝えようとしているかを観察する。（や）

Unit3　How many?　数えてあそぼう（4時間）

(1)本単元の評価規準作成例

知識・技能	日本と外国の数の数え方に触れ，多様な考え方があることに気付き（知）， 1から20までの数を聞き取ることに慣れ親しんでいる（技）。　　（聞）
思考・判断・表現	数について尋ねたり答えたりして伝え合っている。　　　　　　　（や）
主体的に学習に 取り組む態度	相手に伝わるように工夫して，数を尋ねたり答えたりしようとしている。 　　　　　　　　　　　　　　　　　　　　　　　　　　　　（や）

(2)各時間の主な活動と評価のポイント

■第1時（主な評価の観点：知識・技能）

評価規準　1〜10の数を聞き取ることに慣れ親しんでいる。（聞）

主な活動（＊評価する活動）	評価のポイント
①数と物の言い方（pp.10–11） ②じゃんけんゲーム（Let's Play ②：p.12）＊ ③ミッシング・ゲーム（1〜10)＊ ④歌（Ten Steps）（Let's Sing：p.10）	②と③で，1から10までの数を聞き取っているか観察する。（聞）

■第2時（主な評価の観点：知識・技能）

評価規準　11〜20の数を聞き取ることに慣れ親しんでいる。（聞）

主な活動（＊評価する活動）	評価のポイント
①数の言い方(Let's Watch and Think：p.12) ②おはじきゲーム（Let's Play ①：p.11） ③いくつあるでしょうクイズ＊ 　・指導者が持っている物や数を当てる。	③で，11から20までの数を聞き取っているかを観察する。（聞）

■第3時（主な評価の観点：思考・判断・表現）

評価規準　数を尋ねる表現に慣れ親しみ，数を尋ねたり答えたりして伝え合っている。（や）

主な活動（＊評価する活動）	評価のポイント
①じゃんけんゲーム（Let's Play ②：p.12） ②How many applesクイズ(Let's Play ③：p.13) ③仲間集めゲーム（Activity ①：p.13）＊	③で友達に伝わるように数を尋ねたり，答えたりしている様子を観察する。（や）

■第4時（主な評価の観点：主体的に学習に取り組む態度）

評価規準　相手に伝わるように工夫しながら，数を尋ねたり答えたりしようとしている。（や）

主な活動（＊評価する活動）	評価のポイント
①数の尋ね方のチャンツ（Let's Chant：p.13） ②漢字紹介ゲーム（Activity ②：p.13）＊	②で，友達に伝わるように工夫しながら，尋ねたり答えたりする様子を観察する。（や）

Unit4　I like blue. すきなものをつたえよう（4時間）

⑴本単元の評価規準作成例

知識・技能	世界には多様な考え方があり，外来語を通して日本語と英語の違いに気付き（知），色の言い方や好みを尋ねたり答えたりする表現を聞き取ることに慣れ親しんでいる（技）。　　　　　　　　　　　　　（聞）
思考・判断・表現	自分の好みを伝え合っている。　　　　　　　　　　　　　　　　　（や）
主体的に学習に取り組む態度	相手に伝わるように工夫しながら，自分の好みを紹介しようとしている。　　　　　　　　　　　　　　　　　　　　　　　　　　　　　　（発）

⑵各時間の主な活動と評価のポイント

■第1時（主な評価の観点：知識・技能）

　評価規準　色の言い方を聞き取っている。（聞）

主な活動（＊評価する活動）	評価のポイント
①自分の虹作り（Activity ①：pp.14–15）＊ ②虹の違い（Let's Watch and Think ①：p.14） ③歌（The Rainbow Song）（Let's Sing：p.15）	①で色の言い方が分かっているか観察する。（聞）

■第2時（主な評価の観点：知識・技能）

　評価規準　好みを表す表現を聞き取っている。（聞）

主な活動（＊評価する活動）	評価のポイント
①線むすび聞き取り（Let's Listen ①：p.16） ②スポーツ聞き取り（Let's Listen ②：p.16） ③ペアワーク＊ 　・好きな色を尋ねる。	③で，好みを表す表現の言い方を分かっているか観察する。（聞）

■第3時（主な評価の観点：思考・判断・表現）

　評価規準　好きかどうかを尋ねたり答えたりして，自分の好みを伝え合っている。（や）

主な活動（＊評価する活動）	評価のポイント
①好きなもの聞き取り（Let's Listen ③：p.16） ②インタビューゲーム（Let's Play：p.17）＊	②で，自分の好みについて友達と伝え合っている様子を観察する。（や）

■第4時（主な評価の観点：主体的に学習に取り組む態度）

　評価規準　友達に伝わるように工夫しながら，自分の好みを紹介しようとしている。（発）

主な活動（＊評価する活動）	評価のポイント
①チャンツ（Let's Chant：p.15） ②ショー・アンド・テル（Activity ②：p.17）＊	②で，友達に伝わるように工夫しながらのパフォーマンス活動を評価する。（発）

Unit5　What do you like?　何がすき？（4時間）

(1)本単元の評価規準作成例

知識・技能	日本語と英語の音声の違いに気付き（知），身の回りのものの言い方や，何が好きかを尋ねたり答えたりする表現を聞き取ることに慣れ親しんでいる（技）。　　　　　　　　　　　　　　　　　　　　　　　　（聞）
思考・判断・表現	何が好きかを尋ねたり答えたりして伝え合っている。　　　　　　（や）
主体的に学習に取り組む態度	積極的に相手に伝わるように工夫しながら，何が好きかを尋ねたり答えたりしようとしている。　　　　　　　　　　　　　　　　　　（や）

(2)各時間の主な活動と評価のポイント

■第1時（主な評価の観点：知識・技能）

評価規準　身の回りのものの言い方を聞き取っている。（聞）

主な活動（＊評価する活動）	評価のポイント
①ティーチャーズトーク（食べ物について）＊ ②ジェスチャーゲーム（スポーツの言い方）＊ ③キーワードゲーム（身の回りのもの）	①と②で，日本語と英語の音声の違い等，気付いたことを発表する様子や友達と話し合う様子を観察する。（聞）

■第2時（主な評価の観点：知識・技能）

評価規準　何が好きか尋ねたり答えたりする表現を聞き取っている。（聞）

主な活動（＊評価する活動）	評価のポイント
①チャンツ（Let's Chant：p.19） ②おはじきゲーム（What do you like? の練習）＊ ③線むすび聞き取り（Let's Listen：p.20） ④好きなもの（Let's Watch & Think：p.21）	②で，What do you like? I like～.の表現を言う様子や，身の回りのものの英語を聞き取ろうとしている様子を観察する。（聞）

■第3時（主な評価の観点：思考・判断・表現）

評価規準　相手の好きなものを予想しながら，何が好きかを尋ねたり答えたりしている。（や）

主な活動（＊評価する活動）	評価のポイント
①チャンツ（Let's Chant：p.19） ②ポインティング・ゲーム（pp.18-19を使用） ③インタビューゲーム（Activity ①：p.20）＊	③で，子どもが記入したワークシートを確認する。（や）

■第4時（主な評価の観点：主体的に学習に取り組む態度）

評価規準　友達に何が好きかを尋ねたり答えたりして情報を集めようとしている。（や）

主な活動（＊評価する活動）	評価のポイント
①インタビューゲーム（Activity ②：p.21）＊ ②Who am I？クイズ（誰が好きなものか当てる）	①で，子どもが記入したワークシートを確認する。（や）

Unit6　ALPHABET　アルファベットとなかよし（4時間）

(1)本単元の評価規準作成例

知識・技能	身の回りには多くのアルファベットの大文字があることに気付き（知），大文字の形とその読み方を聞き取ることに慣れ親しんでいる（技）。(聞)
思考・判断・表現	アルファベットの大文字を仲間分けしたり，自分の姓名の頭文字を伝え合ったりしている。　　　　　　　　　　　　　　　　　　　　　　　　（や）
主体的に学習に取り組む態度	相手に伝わるように工夫しながら，自分の姓名の頭文字を伝えようとしている。　　　　　　　　　　　　　　　　　　　　　　　　　　　（発）

(2)各時間の主な活動と評価のポイント

■第1時（主な評価の観点：知識・技能）

評価規準　アルファベットの大文字の形とその読み方を聞き取っている。(聞)

主な活動（＊評価する活動）	評価のポイント
①歌（ABC Song）(Let's Sing：p.23) ②アルファベット探し（pp.22-23の絵）＊ ③ポインティング・ゲーム（pp.22-23の絵）	②で，アルファベットを見つけ，その読み方を友達と確認し，見つけたアルファベットを発表する様子を観察する。(聞)

■第2時（主な評価の観点：主体的に学習に取り組む態度）

評価規準　アルファベットの大文字を読んでみようとしている。(や)

主な活動（＊評価する活動）	評価のポイント
①歌（ABC Song）(Let's Sing：p.23) ②ドンじゃんけんゲーム（ペアワーク）＊ ③線つなぎゲーム（ワークシート）	②で，アルファベットを両端から1つずつ発音し，出会ったところでじゃんけんする様子を観察する。(や)

■第3時（主な評価の観点：思考・判断・表現）

評価規準　アルファベットの大文字の仲間分けをして，それを発表している。(発)

主な活動（＊評価する活動）	評価のポイント
①アルファベットの大文字復習 ②大文字の仲間分け（Let's Play：p.24）＊ ③発表＊	②では，友達と仲間分けをする様子を観察する。その後③で，どのような仲間分けを行ったかの発表を観察する。(発)

■第4時（主な評価の観点：主体的に学習に取り組む態度）

評価規準　相手に伝わるように，自分の姓名の頭文字を伝えようとしている。(発)

主な活動（＊評価する活動）	評価のポイント
①アルファベットの大文字復習 ②頭文字のカード交換（Activity：p.25）＊ ③発表＊	②では，友達とカード交換を行う様子を観察し，③で，みんなに伝えようとしているかを観察する。(発)

Unit7　This is for you.　カードをおくろう（5時間）

(1)本単元の評価規準作成例

知識・技能	日本語と英語の音声の違いに気付き（知），形の言い方や，欲しいものを尋ねたり答えたりする表現に慣れ親しんでいる（技）。　　　　（や）
思考・判断・表現	自分の欲しいものの色や形を伝え合っている。　　　　　　　　　（や）
主体的に学習に取り組む態度	自分の作品を，色の形を言いながら，相手によく伝わるように紹介しようとしている。　　　　　　　　　　　　　　　　　　　　　　（発）

(2)各時間の主な活動と評価のポイント

■第1時（主な評価の観点：知識・技能）

> 評価規準　世界の国を知り，形や身の回りのものの言い方に慣れ親しんでいる。（や）

主な活動（＊評価する活動）	評価のポイント
①国カード（Let's Watch and Think：p.28） ②シェイプ・クイズ（Let's Play ①：p.27）＊	②で，形や身の回りのものの言い方を知り，声を出して言っているかを観察する。（や）

■第2時（主な評価の観点：知識・技能）

> 評価規準　形の言い方や色の言い方を聞き取っている。（聞）

主な活動（＊評価する活動）	評価のポイント
①ポインティング・ゲーム 　　　　　　　（Let's Play ②：pp.26－27）＊	①で，集中して，さまざまな形をさし示しているか観察する。（聞）

■第3時（主な評価の観点：知識・技能）

> 評価規準　欲しいものを尋ねたり答えたりする表現に慣れ親しんでいる。（や）

主な活動（＊評価する活動）	評価のポイント
①形の復習（Let's Play ②：pp.26-27） ②欲しいものの聞き取り（Let's Listen：p.29）＊	②で，欲しい形の色を聞き取っているかを観察する。（や）

■第4時（主な評価の観点：思考・判断・表現）

> 評価規準　欲しい色や形，その大きさと数を尋ねたり伝えたりしている。（や）

主な活動（＊評価する活動）	評価のポイント
①お店屋さんごっこ＊ ②自分の作品を作る。（Activity：p.29）	①で，店側は尋ねる様子を，客側は欲しいものを伝える様子を観察する。（や）

■第5時（主な評価の観点：主体的に学習に取り組む態度）

> 評価規準　相手に伝わるように，自分の作品を紹介しようとしている。（発）

主な活動（＊評価する活動）	評価のポイント
①自分の作品を紹介する。（Activity：p.29）＊	①で，相手によく伝わるように，作品を紹介しようとしているか観察する。（発）

Unit8　What's this?　これなあに？（5時間）

(1)本単元の評価規準作成例

知識・技能	外来語とそれが由来する英語の違いに気付き（知），身の回りのものの言い方や，尋ね方答え方の表現に慣れ親しんでいる（技）。　（や）
思考・判断・表現	あるものが何かを伝え合っている。　（や）
主体的に学習に取り組む態度	相手が楽しむことができるように工夫しながらクイズを出したり，伝わるように気を付けながらクイズに答えたりしようとしている。　（や）

(2)各時間の主な活動と評価のポイント

■第1時（主な評価の観点：知識・技能）

評価規準　ものの言い方や，それが何か尋ねたり答えたりする表現に慣れ親しんでいる。（や）

主な活動（＊評価する活動）	評価のポイント
①隠れているものは何（Let's Play ①：p.31）＊ ②チャンツ（Let's Chant：p.31）＊	①と②で，ものの言い方や，尋ねたり答えたりする表現を言っているかを観察する。（や）

■第2時（主な評価の観点：主体的に学習に取り組む態度）

評価規準　楽しみながら，シルエットクイズをしようとしている。（や）

主な活動（＊評価する活動）	評価のポイント
①チャンツ（Let's Chant：p.31） ②シルエットクイズ（Let's Play ②：p.32）＊	②で映像を見て，シルエットクイズをしているところを観察する。（や）

■第3時（主な評価の観点：知識・技能）

評価規準　あるものが何かを尋ねたり答えたりする表現に慣れ親しんでいる。（や）

主な活動（＊評価する活動）	評価のポイント
①漢字・足あとクイズ（Activity：p.33）＊	①で，クイズを観察する。（や）

■第4時（主な評価の観点：思考・判断・表現）

評価規準　尋ねたり答えたりする表現を使って，クイズを出し合っている。（や）

主な活動（＊評価する活動）	評価のポイント
①ヒントクイズ（Activity：pp.32-33）＊ ②クイズ大会の準備をする。 　・クイズを出す練習をする。	①で，子ども同士がクイズを出したり答えたりしているかを観察する。（や）

■第5時（主な評価の観点：主体的に学習に取り組む態度）

評価規準　相手によく伝わるようにクイズを出したり答えたりしようとしている。（や）

主な活動（＊評価する活動）	評価のポイント
①クイズ大会をする。＊	①で，楽しみながらクイズを出したり答えたりしようとしているかを観察する。（や）

Unit9　Who are you?　きみはだれ？（5時間）

(1)本単元の評価規準作成例

知識・技能	日本語と英語の音声やリズムなどの違いに気付き（知），色や特徴を尋ねたり答えたりする表現に慣れ親しんでいる（技）。　　　　（聞）
思考・判断・表現	絵本の読み聞かせを聞いて，おおよその内容が分かっている。　　（聞）
主体的に学習に取り組む態度	相手の反応を見ながら，工夫してクイズの台詞を相手に伝えようとしている。　　　　　　　　　　　　　　　　　　　　　　（聞）（発）

(2)各時間の主な活動と評価のポイント

■**第1時（主な評価の観点：主体的に学習に取り組む態度）**

評価規準　読み聞かせを聞こうとしている。（聞）

主な活動（＊評価する活動）	評価のポイント
①読み聞かせの聞き取り＊ ②動物の語彙練習	①で，読み聞かせを一生懸命聞いている様子を観察する。（聞）

■**第2時（主な評価の観点：思考・判断・表現）**

評価規準　色や特徴を聞いて，それは誰か分かっている。（聞）

主な活動（＊評価する活動）	評価のポイント
①表現練習（誰かと尋ねる表現） ②読み聞かせの聞き取り＊	②で，読み聞かせを聞いておおよその内容が分かっているかを観察する。（聞）

■**第3時（主な評価の観点：知識・技能）**

評価規準　色や特徴を表す表現を聞き取っている。（聞）

主な活動（＊評価する活動）	評価のポイント
①表現練習（色や形） ②先生クイズ＊	②で，教師から出題されるクイズに進んで聞いている様子を観察する。（聞）

■**第4時（主な評価の観点：主体的に学習に取り組む態度）**

評価規準　色や特徴の表現を使ってクイズを作ろうとしている。（発）

主な活動（＊評価する活動）	評価のポイント
①クイズ作り ②発表練習＊	②で，色や特徴の表現を使ったクイズの出題練習を観察する。（発）

■**第5時（主な評価の観点：主体的に学習に取り組む態度）**

評価規準　進んでクイズに答えたり，相手に伝わるよう出題しようとしている。（発）

主な活動（＊評価する活動）	評価のポイント
①最終クイズ出題練習 ②グループ発表＊	②で，何の動物が隠れているのかクイズを出している様子を観察する。（発）

2　第４学年 "Let's Try!2" 35時間の評価規準作成マニュアル

Unit1　Hello, world!　世界のいろいろなことばであいさつをしよう（２時間）

⑴本単元の評価規準作成例

知識・技能	さまざまな挨拶の仕方があることに気付くとともに（知），さまざまな挨拶の言い方に慣れ親しんでいる（技）。 （や）
思考・判断・表現	友達と挨拶をして，自分の好きなものなどを伝え合っている。 （や）
主体的に学習に取り組む態度	相手に配慮しながら，友達と挨拶をして，自分の好きなものなどを伝え合おうとしている。 （や）

⑵各時間の主な活動と評価のポイント

■第１時（主な評価の観点：知識・技能）

評価規準　さまざまな挨拶の仕方があることに気付くとともに，さまざまな挨拶の言い方に慣れ親しんでいる。（や）

主な活動（＊評価する活動）	評価のポイント
①世界の挨拶 　　　　　（Let's Watch and Think ①：p.2） ・映像を見て，世界のいろいろな挨拶について気付いたことをメモし，交流する。 ②いろいろな国の言葉で挨拶をしてみる。＊ ③インタビューゲーム（Let's Play：p.4）＊ ・挨拶をし，お互いの好きなものについて尋ね合う。	②や③の活動では，さまざまな挨拶の言い方に慣れ親しんでいるかを観察する。（や）

■第２時（主な評価の観点：主体的に学習に取り組む態度）

評価規準　相手に配慮しながら，友達と挨拶をして，自分の好きなものなどを伝え合おうとしている。（や）

主な活動（＊評価する活動）	評価のポイント
①挨拶の仕方 　　　　　（Let's Watch and Think ②：p.4） ・映像を見て，時間や場面に応じた挨拶があることに気付く。 ②登場人物聞き取り（Let's Listen ②：p.5） ③インタビューゲーム（Activity：p.5）＊ ・教室内を歩いて，ペアで挨拶をした後，好きなことや嫌いなことを伝え合う。	③の活動において，クラス内の友達に対し，分け隔てなく英語で挨拶を交わし，自分のことを伝えようとしているかを観察する。（や）

Unit2　Let's play cards.　すきな遊びをつたえよう（4時間）

(1)本単元の評価規準作成例

知識・技能	世界と日本の遊びの共通点と相違点を通して，多様な考え方があることに気付くとともに（知），さまざまな動作，遊びや天気の言い方，遊びに誘う表現を聞くことに慣れ親しんでいる（技）。　　　　　　（聞）
思考・判断・表現	好きな遊びについて尋ねたり答えたりして伝え合っている。　　　（や）
主体的に学習に取り組む態度	相手に配慮しながら，友達を自分の好きな遊びに誘おうとしている。　　　　　　　　　　　　　　　　　　　　　　　　　　　　（や）

(2)各時間の主な活動と評価のポイント

■第1時（主な評価の観点：知識・技能）

評価規準　世界の遊びには，多様な考え方があることを聞き取っている。（聞）

主な活動（＊評価する活動）	評価のポイント
①チャンツ（Let's Chant：p.6） ②世界の遊び 　　　（Let's Watch and Think ①：p.6）＊	②で，それぞれの国での楽しみ方があることを聞き取っているか観察する。（聞）

■第2時（主な評価の観点：知識・技能）

評価規準　遊びや天気の言い方に慣れ親しみ，さまざまな動作を表す語句や遊びに誘う表現を知っている。（聞）

主な活動（＊評価する活動）	評価のポイント
①遊び聞き取り（Let's Listen ①：p.8） ②天気と衣類聞き取り（Let's Listen ②：p.8）＊	②で，音声を聞いて天気と衣類とを結びつけているか観察する。（聞）

■第3時（主な評価の観点：思考・判断・表現）

評価規準　天気や遊びについて尋ねたり答えたりして伝え合っている。（や）

主な活動（＊評価する活動）	評価のポイント
①天気聞き取り（Let's Listen ③：p.9） ②世界の天気 　　　（Let's Watch and Think ②：p.9） ③天気に応じた好きな遊びを話してみる。＊	③で，好きな遊びについて尋ねたり答えたりして伝えている様子を観察する。（や）

■第4時（主な評価の観点：主体的に学習に取り組む態度）

評価規準　相手に配慮しながら，友達を自分の好きな遊びに誘おうとしている。（や）

主な活動（＊評価する活動）	評価のポイント
①インタビューゲーム（Activity：p.9）＊ ・教師や友達を遊びに誘う。	①で，自分の好きな遊びを伝え，誘おうとしている様子を観察する。（や）

Unit3　I like Mondays.　すきな曜日は何かな？（3時間）

(1)本単元の評価規準作成例

知識・技能	世界の子ども達の生活を知るとともに（知），曜日の言い方を尋ねたり答えたりする表現を聞き取ることに慣れ親しんでいる（技）。　　　　　　（聞）
思考・判断・表現	好きな曜日について，尋ねたり答えたりして伝え合っている。　　　（や）
主体的に学習に取り組む態度	相手に配慮しながら，自分の好きな曜日を伝え合おうとしている。（や）

(2)各時間の主な活動と評価のポイント

■第1時（主な評価の観点：知識・技能）

評価規準　世界の子ども達の生活を知り，曜日を聞き取っている。（聞）

主な活動（＊評価する活動）	評価のポイント
①スリーヒントクイズ：曜日の言い方を知る。 ②世界の子ども 　　　　　（Let's Watch and Think ①：p.11） ・世界の子ども達の生活を知る。 ③予定聞き取り（Let's Listen：p.12）＊ ④歌（Sunday, Monday, Tuesday）＊	③④で，曜日を聞いたり言ったりしている様子を観察する。（聞）

■第2時（主な評価の観点：思考・判断・表現）

評価規準　好きな曜日について，尋ねたり答えたりして伝え合っている。（や）

主な活動（＊評価する活動）	評価のポイント
①歌（Sunday, Monday, Tuesday） ②チャンツ（Let's Chant：p.11） ③曜日クイズ（Let's Play：p.12） ④好きな曜日を尋ね合う。（ペアワーク）＊	④で，好きな曜日について尋ねたり答えたりしている様子を観察する。（や）

■第3時（主な評価の観点：主体的に学習に取り組む態度）

評価規準　相手に配慮しながら，自分の好きな曜日を伝え合おうとしている。（や）

主な活動（＊評価する活動）	評価のポイント
①歌（Sunday, Monday, Tuesday） ②チャンツ（Let's Chant：p.11） ③好きな曜日 　　　　　（Let's Watch and Think ②：p.12） ・好きな曜日を尋ねる様子を視聴する。 ④好きな曜日を伝え合う。（Activity：p.13）＊	④で相手に配慮しながら自分の好きな曜日を伝え合おうとしている様子を観察する。（や）

Unit4　What time is it?　今，何時？（4時間）

(1)本単元の評価規準作成例

知識・技能	国によって時刻が異なることに気付くとともに（知），時刻を尋ねたり答えたりする表現を聞き取ることに慣れ親しんでいる（技）。　　（聞）
思考・判断・表現	日課や好きな時間について，伝え合っている。　　　　　　　　　　（や）
主体的に学習に取り組む態度	相手に配慮しながら，自分の好きな時間について伝え合おうとしている。（や）

(2)各時間の主な活動と評価のポイント

■第1時（主な評価の観点：知識・技能）

評価規準　時刻や日課の表現を聞き取っている。（聞）

主な活動（＊評価する活動）	評価のポイント
①スモールトーク ②日課確認（Let's Watch and Think ①：p.15）＊ ③チャンツ（Let's Chant：p.15）	②で，時刻や日課を聞いている様子を観察したり線を引いたりしている様子を観察する。（聞）

■第2時（主な評価の観点：知識・技能）

評価規準　時刻や日課の表現を聞き取っている。（聞）

主な活動（＊評価する活動）	評価のポイント
①チャンツ（Let's Chant：p.15） ②子ども日課 　　　（Let's Watch and Think ②：pp.16–17） ③時刻聞き取り（Let's Listen：p.16）＊	③で，時刻や日課を聞いている様子や答えている様子を観察する。（聞）

■第3時（主な評価の観点：思考・判断・表現）

評価規準　日課や好きな時間について尋ねたり答えたりして伝え合っている。（や）

主な活動（＊評価する活動）	評価のポイント
①チャンツ（Let's Chant：p.15） ②ビンゴゲーム ③友達の好きな時間を知る。（ペアワーク）＊	③で日課や好きな時間について尋ねたり答えたりしている様子を観察する。（や）

■第4時（主な評価の観点：主体的に学習に取り組む態度）

評価規準　相手に配慮しながら，自分の好きな時間について伝え合おうとしている。（や）

主な活動（＊評価する活動）	評価のポイント
①チャンツ（Let's Chant：p.15） ②スモールトーク ③好きな時間を伝え合う。（Activity：p.17）＊	③で，相手に配慮しながら自分の好きな時間について尋ねたり答えたりしようとしている様子を観察する。（や）

Unit5　Do you have a pen?　おすすめの文房具セットをつくろう（4時間）

(1)本単元の評価規準作成例

知識・技能	文房具などの言い方を知り（知），それを持っているかどうかと尋ねたり答えたりする表現を聞き取ることに慣れ親しんでいる（技）。　　（聞）
思考・判断・表現	文房具など学校で使う物について，持っているかどうかを尋ねたり答えたりして伝え合っている。　　　　　　　　　　　　　　　　　（や）
主体的に学習に取り組む態度	相手に伝わるように工夫しながら，文房具など学校で使う物について伝えようとしている。　　　　　　　　　　　　　　　　　　　　　（発）

(2)各時間の主な活動と評価のポイント

■第1時（主な評価の観点：知識・技能）

評価規準　文房具などの学校で使う物の言い方を聞き取っている。（聞）

主な活動（＊評価する活動）	評価のポイント
①物と数（Let's Watch and Think①：p.18） ②文房具の言い方を知る。 ③I spy ゲーム（Let's Play：p.19）＊	③で，該当する文房具を見つけたり手に取ったりするなど，指導者が言ったことに反応している様子を観察する。（聞）

■第2時（主な評価の観点：知識・技能）

評価規準　持っているかどうかを尋ねたり答えたりする表現を聞き取っている。（聞）

主な活動（＊評価する活動）	評価のポイント
①文房具ビンゴ ②チャンツ（Let's Chant：p.19） ③持ち主聞き取り（Let's Listen：p.20）＊	③で，筆箱の中身を聞いて誰の筆箱かを考え名前を書いている様子を確認する。 （聞）

■第3時（主な評価の観点：思考・判断・表現）

評価規準　文房具を持っているかどうか伝え合っている。（や）

主な活動（＊評価する活動）	評価のポイント
①チャンツ（Let's Chant：p.19） ②かばんの中（Let's Watch and Think②：p.20） ③文房具買い物ごっこ（Let's Play②：p.21）＊	③で，欲しい文房具があるかどうか，色や数について尋ねたり答えたりして練習している様子を観察する。（や）

■第4時（主な評価の観点：主体的に学習に取り組む態度）

評価規準　相手に配慮しながら，文房具などについて伝え合おうとしている。（発）

主な活動（＊評価する活動）	評価のポイント
①チャンツ（Let's Chant：p.19） ②スモールトーク ③スピーチ（Activity：p.21）＊	③で，誰のためにどのような文房具セットを作ったかを，聞き手に伝わるように紹介している姿を観察する。（発）

Unit6　Alphabet　アルファベットで文字遊びをしよう（4時間）

⑴本単元の評価規準作成例

知識・技能	身の回りには多くの活字体の文字があることに気付く（知）とともに，活字体の小文字の読み方に慣れ親しんでいる（技）。　　　　　　　　（聞）
思考・判断・表現	身の回りにあるアルファベットの活字体の小文字を尋ねたり答えたりして伝え合っている。　　　　　　　　　　　　　　　　　　　　　　（や）
主体的に学習に取り組む態度	相手に伝わるように工夫しながら，アルファベットの文字について伝え合おうとしている。　　　　　　　　　　　　　　　　　　　　　　（や）

⑵各時間の主な活動と評価のポイント

■第1時（主な評価の観点：知識・技能）

評価規準　身の回りにはアルファベットの文字で表されているものがたくさんあることに気付くとともに，活字体の小文字の読み方を聞き取っている。（聞）

主な活動（＊評価する活動）	評価のポイント
①小文字（Let's Watch and Think：p.22） ②アルファベットさがし（Let's Play ①：p.23）＊ ③歌（ABC Song）（Let's Sing：p.23） ④チャンツ（Let's Chant：p.23）	②で，アルファベット活字体の小文字の読み方を聞いて反応したりしている様子を観察する。（聞）

■第2時（主な評価の観点：知識・技能）

評価規準　アルファベットの小文字を聞き取っている。（聞）

主な活動（＊評価する活動）	評価のポイント
①歌（ABC Song）（Let's Sing：p.23） ②チャンツ（Let's Chant：p.23） ③おはじきゲーム（Let's Play ②：pp.22-23）＊	③で，アルファベット活字体の小文字を聞き取っている様子を観察する。（聞）

■第3時（主な評価の観点：主体的に学習に取り組む態度）

評価規準　アルファベットの小文字について伝え合おうとしている。（や）

主な活動（＊評価する活動）	評価のポイント
①標示聞き取り（Let's Listen：p.24） ②文字当てゲーム（Activity ①：p.25）＊	②で，アルファベットの小文字を伝え合おうとしているか観察する。（や）

■第4時（主な評価の観点：思考・判断・表現）

評価規準　アルファベットの小文字を尋ねたり答えたりして伝え合っている。（や）

主な活動（＊評価する活動）	評価のポイント
①チャンツ（Let's Chant：p.23） ②色当てゲーム（Activity ②：p.25）＊	②で，アルファベットの小文字を尋ねたり答えたりしているか観察する。（や）

Unit7　What do you want?　ほしいものは何かな？（5時間）

⑴本単元の評価規準作成例

知識・技能	食材の言い方を知り（知），欲しいものを尋ねたり，それに応答したりする表現を聞き取ることに慣れ親しんでいる。　　　　　　　　　（聞）
思考・判断・表現	欲しいものを尋ねたり，相手の要求に対して応答するとともに，自分が考えたメニューを紹介し合っている。　　　　　　　　　　　　　（発）
主体的に学習に取り組む態度	相手に配慮しながら，欲しいものを尋ねたり，それに応答したりして，進んでコミュニケーションを図ろうとしている。　　　　　　　　（発）

⑵各時間の主な活動と評価のポイント

■第1時（主な評価の観点：知識・技能）

　評価規準　食材の言い方や欲しいものを尋ねる表現を理解している。（聞）

主な活動（＊評価する活動）	評価のポイント
① おはじきゲーム（Let's Play：pp.26-27）＊ ②チャンツ（Let's Chant：p.27）	①で，食材の言い方を聞き取っているか観察する。（聞）

■第2時（主な評価の観点：思考・判断・表現）

　評価規準　欲しいものを尋ねたり答えたりする表現を使って，やり取りしている。（や）

主な活動（＊評価する活動）	評価のポイント
①おはじきゲーム（Let's Play：pp.26-27） ②買い物ゲーム＊	②で，買い物の表現を用いてやり取りをしているか観察する。（や）

■第3時（主な評価の観点：思考・判断・表現）

　評価規準　友達とのやり取りを通してオリジナルパフェを作り，紹介している。（発）

主な活動（＊評価する活動）	評価のポイント
①パフェ線むすび（Let's Listen①：p.28） ②パフェ紹介（Activity①：p.28）＊	②で，相手に伝わる声でオリジナルパフェを紹介しているか観察する。（発）

■第4時（主な評価の観点：主体的に学習に取り組む態度）

　評価規準　積極的にやり取りをしてオリジナルピザを作ろうとしている。（発）

主な活動（＊評価する活動）	評価のポイント
①オリジナルピザ作り（Activity②：p.29）＊	①でピザを作っているか観察する。（発）

■第5時（主な評価の観点：思考・判断・表現）

　評価規準　既習の表現を使って，自分たちの作ったピザを紹介している。（発）

主な活動（＊評価する活動）	評価のポイント
①オリジナルピザ紹介（Activity②：p.29）＊	①で，既習の表現を用いてオリジナルピザを紹介しているか観察する。（発）

Unit8　This is my favorite place.　お気に入りの場所をしょうかいしよう（4時間）

(1)本単元の評価規準作成例

知識・技能	世界と日本の学校生活の共通点や相違点を知り（知），教科名や教室名を聞き取ることに慣れ親しんでいる（技）。 （聞）
思考・判断・表現	自分のお気に入りの場所に案内したり，その場所について伝え合ったりしている。 （や）
主体的に学習に取り組む態度	相手に伝わるように工夫しながら，自分のお気に入りの場所について伝え合おうとしている。 （や）

(2)各時間の主な活動と評価のポイント

■第1時（主な評価の観点：知識・技能）

評価規準　教室名を聞き取っている。（聞）

主な活動（＊評価する活動）	評価のポイント
①ポインティング・ゲーム　　　　　　　　　　（Let's Play ①：p.31） ②場所当て（Let's Watch and Think ①：p.31） ③教室聞き取り（Let's Listen ①：p.30）＊	③で，教室名を聞き取っているか観察する。 （聞）

■第2時（主な評価の観点：知識・技能）

評価規準　好きな場所を聞き取っている。（聞）

主な活動（＊評価する活動）	評価のポイント
①先生のお気に入りの場所（校内）クイズ ②線むすび（Let's Listen ②：p.32）＊ ③チャンツ（Let's Chant：p.32）	②で，好きな場所について，確認する。 （聞）

■第3時（主な評価の観点：思考・判断・表現）

評価規準　お気に入りの場所とその理由を伝え合っている。（や）

主な活動（＊評価する活動）	評価のポイント
①チャンツ（Let's Chant：p.32） ②ここどこ（Let's Watch and Think ②：p.32） ③好きな場所（Let's Play ②：p.33）＊	③で，友達とお気に入りの場所とその理由について伝え合っている様子を観察する。 （や）

■第4時（主な評価の観点：思考・判断・表現）

評価規準　自分のお気に入りの場所まで道案内をするとともに，理由を伝えている。（や）

主な活動（＊評価する活動）	評価のポイント
①チャンツ（Let's Chant：p.32） ②道案内（Activity：p.33）＊	②で，地図を見ながら，お気に入りの場所まで道案内しているか観察する。（や）

Unit9　This is my day.　ぼく・わたしの一日（5時間）

(1)本単元の評価規準作成例

知識・技能	英語特有の音声やリズムを意識し（知），日課を表すさまざまな表現を聞き取ることに慣れ親しんでいる（技）。　　　　　　　　　　　　（聞）
思考・判断・表現	絵本や友達の発表内容を聞いて問いに答えたり，自分の日課と比べたりして，おおよその内容を捉えている。　　　　　　　　　　　　　　（聞）
主体的に学習に取り組む態度	友達が発表しやすいように相づちをしたり，友達に伝わりやすいような工夫をしたりしようとしている。　　　　　　　　　　　　　　　（発）

(2)各時間の主な活動と評価のポイント

■第1時（主な評価の観点：思考・判断・表現）

　評価規準　絵本の読み聞かせを聞き，内容を大まかに捉えている。（聞）

主な活動（＊評価する活動）	評価のポイント
①チャンツ（Let's Chant：p.15） ②絵本の読み聞かせ（pp.34-40）＊	②では，絵本の読み聞かせを聞き，内容を大まかに捉えている様子を観察する。（聞）

■第2時（主な評価の観点：知識・技能）

　評価規準　絵本の内容をつかみ，日課の表現を聞き取っている。（聞）

主な活動（＊評価する活動）	評価のポイント
①チャンツ（Let's Chant：p.15） ②絵本の読み聞かせ（pp.34-40）＊	②で，絵本の中の日課についての表現を聞き取っている様子を観察する。（聞）

■第3時（主な評価の観点：主体的に学習に取り組む態度）

　評価規準　日課の表現を使って，工夫して紹介しようとしている。（発）

主な活動（＊評価する活動）	評価のポイント
①ペアワーク（日課の表現練習） ②自分の日課紹介の準備をする。＊	②で，自分の日課の紹介の準備をしているか観察する。（発）

■第4時（主な評価の観点：思考・判断・表現）

　評価規準　自分の日課と比べながら友達の発表を聞いている。（聞）

主な活動（＊評価する活動）	評価のポイント
①グループ内発表＊ ②グループワーク（出題練習）	①で友達の発表で，自分の日課と比べながら聞いているか観察する。（聞）

■第5時（主な評価の観点：主体的に学習に取り組む態度）

　評価規準　クイズのおおよその内容をつかんだり，友達に伝えようとしている。（発）

主な活動（＊評価する活動）	評価のポイント
①全体発表 "Who am I?" クイズ＊	①で伝えようとしているか観察する。（発）

Chapter

3

すぐに使える！
新3観点の指導要録
記入例＆通知表の文例集

1 指導要録の記入，作成例について

　平成31年3月29日に，文部科学省から「小学校，中学校，高等学校及び特別支援学校等における児童生徒の学習評価及び指導要録の改善等について（通知）」が出されている。その中には，指導要録の主な改善点として，「(1)小学校及び特別支援学校（視覚障害，聴覚障害，肢体不自由又は病弱）小学部における「外国語活動の記録」については，従来，観点別に設けていた文章記述欄を一本化した上で，評価の観点に即して，児童の学習状況に顕著な事項がある場合にその特徴を記入することとした」と記されている。これにより，指導要録の外国語活動欄が以下のように変更された。

小学校児童指導要録（参考様式）　　　　　　　　　　　　　様式2（指導に関する記録）			
外国語活動の記録			
学年	知識・技能	思考・判断・表現	主体的に学習に取り組む態度
3			
4			

　例えば，次のような記入をする。

小学校児童指導要録（参考様式）　　　　　　　　　　　　　様式2（指導に関する記録）			
外国語活動の記録			
学年	知識・技能	思考・判断・表現	主体的に学習に取り組む態度
3	自分のことや身の回りのものを表す簡単な語句を聞き取り，動作を交えながら，自分の考えや気持ちなどを伝え合っていた。		
4	身近で簡単な事柄に関する基本的な表現の意味が分かり，簡単な語句や基本的な表現を用いて発表しようとしていた。		

　3学年では，「聞くこと」における知識・技能面において，特に技能の優れている点と，「話すこと（やり取り）」における思考・判断・表現で特に優れている点とを併記している。また，4学年では，「聞くこと」における知識・技能面において，特に知識の優れている点と，「話すこと（発表）」における主体的に学習に取り組む態度で特に優れている点とを併記している。このように，特に優れている点を三つの内容のまとまり（領域）（聞くこと，話すこと（やり取り），話すこと（発表））と三つの観点（知識・技能，思考・判断・表現，主体的に学習に取り組む態度）を総合的に判断して記入することになる。

2　通知表の記入，作成例について

　通知表（通知簿）は元来，「保護者に対して子どもの学習指導の状況を連絡し，家庭の理解や協力を求める目的で作成」するものである。また，これには法的根拠がなく，作成，様式，内容等はすべて校長の裁量による。ただし，自治体によっては校長会等で様式の参考例を作成している場合も見受けられる。

　以上からも分かるように，通知表は校長の裁量で，ある程度自由に判型やフォーマット，表記を決めることができる。外国語活動においては，教科ではなく領域であることからも，保護者や子ども達にとって元気がでるような文書で記載してもらいたいと思う。夕食の席などに，保護者が子どもに「外国語活動頑張ってるんだね！」などと褒めたり，「もっと英語頑張ってみようか」などと励ますものにすることである。これにより，子ども達はさらに外国語活動や英語に対してプラス思考で考え，楽しみながら英語を使ってみようと思うようになるのである。

　文書には，指導要録同様に三つの内容のまとまり（領域）と三つの観点とを総合的に評価して，優れていた点を記載することになるが，表記上では，根本的に指導要録とは異なり，保護者や子ども達が分かるような表現にすることである。例えば，次の2文を比較して見る。

> 1．身近で簡単な事柄に関する基本的な表現の意味が分かり，簡単な語句や基本的な表現を用いて発表しようとしていました。
> 2．進んで友達と元気よく英語を使って話し，好きな食べ物について話し合っていました。

　1の表記では，どのような情景なのかイメージすることができないが，2では，授業の状況や子どもの様子が脳裏に浮かんでくる。このように，より具体的な言葉を使って，子どものよい点を保護者に伝えていくことが，通知表の役目である。そのためには，文言の中に，「大きな声で」「はっきりと」「元気よく」「明るく」「自ら進んで」「一生懸命に」「相手の話をしっかりと聞きながら」など，子どもの様子が手に取るように分かる表現や，「食べ物」「乗り物」「色」「国名」「教科名」「英語のゲーム」「挨拶」等の具体的なテーマや活動を加えると，更に情景が思い浮かんでくる。

　東京のある小学校では，通知表に「What subject do you like? と言うことができました」と書かれていたと，保護者から連絡を受けたことがある。これでは，まるでこの表現だけが言えるようになったかのような感じがして，保護者共々怒りを感じたことがある。このように1年間の授業の中のほんの一部だけを記載するのでは，保護者の不信感を招きかねない。そこで，通知表を記載する際のポイントを次のようにまとめる。

> 1．子どものよさを中心に簡潔に記述する。
> 2．子どもの授業内の動きが分かる内容を組み込む。
> 3．次の学習につながる内容にする。
> 4．分かりやすい語彙や表現を使う。
> 5．保護者も子どもも元気になる表現や内容を入れる。

"Let's Try!1" Unit1　指導要録記入例

(1)単元ごとの記入例

学習活動	知識・技能	思考・判断・表現	主体的に学習に取り組む態度
Hello! あいさつを して友だち になろう	○世界のさまざまな言葉があることを知り，英語での挨拶の仕方や名前の言い方に慣れ親しんでいた。　　　　　　　　　　　　　　　　　　　　（知・技） ○友達と挨拶をして，自分の名前を伝えたり相手の名前を聞いたりしながら，カード交換をしていた。　　　　　　　　　　　　　　　　　（思・判・表） ○友達と大きな声でジェスチャーも交えながら積極的に挨拶をして名前を言おうとしていた。　　　　　　　　　　　　　　　　　　　　　　（態度）		

(2)いくつかの単元をまとめた記入例

学習活動	知識・技能	思考・判断・表現	主体的に学習に取り組む態度
Hello! How are you? How many? (Unit1〜3)	○数の数え方や感情の尋ね方，挨拶の仕方を知り，尋ねたり答えたりしながら交流していた。　　　　　　　　　　　　　　　　　　　　　　（知・技） ○友達と表情やジェスチャーに気をつけながら，名前や数について伝え合っていた。　　　　　　　　　　　　　　　　　　　　　　　　　（思・判・表） ○相手に伝わるように工夫しながら，挨拶や話題について積極的にコミュニケーションを図っていた。　　　　　　　　　　　　　　　　　　　　　（態度）		

(3)観点ごとの記入例

■知識・技能

○世界にはさまざまな国や言葉があることを知り，言葉の違いに気付いていた。

○挨拶の仕方を知り，挨拶や名前の言い方に慣れ親しんでいた。

○コミュニケーションを図るときの態度やジェスチャーの方法を知っていた。

■思考・判断・表現

○たくさんの友達と名前を言って挨拶をしていた。

○効果的な発表の仕方を考えて，クラスの前で発表していた。

○相手に合わせて，表現やスピードを調整していた。

■主体的に学習に取り組む態度

○自分から進んで，友達と挨拶を交わそうとしていた。

○挨拶や自分の名前を言いながら，積極的に会話を楽しんでいた。

○恥ずかしがらずに，大きな声でクラスの子ども達に伝えようとしていた。

"Let's Try!1" Unit2　指導要録記入例

(1)単元ごとの記入例

学習活動	知識・技能	思考・判断・表現	主体的に学習に取り組む態度
How are you? ごきげんいかが?	○表情やジェスチャーの大切さに気付き，感情や状態を表す語や表現に慣れ親しんでいた。 （知・技） ○表情やジェスチャーを工夫しながら友達と挨拶をし合い，感情や状態を尋ねたり伝えたりしていた。 （思・判・表） ○表情を工夫したりジェスチャーを交えたりしながら，感情や状態を表す表現を積極的に使おうとしていた。 （態度）		

(2)いくつかの単元をまとめた記入例

学習活動	知識・技能	思考・判断・表現	主体的に学習に取り組む態度
Hello! How are you? How many? (Unit1〜3)	○数の数え方や感情の尋ね方を知り，尋ねたり答えたりしながら交流していた。 （知・技） ○友達と表情やジェスチャーに気をつけながら，名前や数，感情について伝え合っていた。 （思・判・表） ○相手に伝わるように工夫しながら，挨拶や感情，話題について積極的にコミュニケーションを図っていた。 （態度）		

(3)観点ごとの記入例

■知識・技能

○感情や状態を表す表現を知り，音声やリズムに慣れ親しんでいた。
○表情やジェスチャーの大切さに気付き，さまざまなジェスチャーに慣れ親しんでいた。
○感情や状態を表す表現やジェスチャーの使い方を知っていた。

■思考・判断・表現

○感情や状態を表す表現を使って，尋ねたり答えたりしていた。
○表情やジェスチャーを工夫しながら，友達と感情や状態を伝え合っていた。
○その場に合う表現やジェスチャーを使い，友達とコミュニケーションを図っていた。

■主体的に学習に取り組む態度

○自分から進んで，感情や状態を表す表現を使おうとしていた。
○ジェスチャーを交えながら，感情や状態を表す表現を積極的に使おうとしていた。
○相手の方をしっかりと見て，感情や状態を表す表現を使おうとしていた。

"Let's Try!1" Unit3　指導要録記入例

(1)単元ごとの記入例

学習活動	知識・技能	思考・判断・表現	主体的に学習に取り組む態度
How many? 数えてあそ ぽう	○日本と外国の数の数え方に違いがあることに気付き，英語での数の言い方や尋ね方に慣れ親しんでいた。　　　　　　　　　　　　　　　　　　（知・技）		
	○友達と色を塗ったりんごの数について伝え合っていた。　　　（思・判・表）		
	○友達に伝わるようにジェスチャーを交えながら，積極的に英語で数を尋ねたり答えたりしようとしていた。　　　　　　　　　　　　　　　（態度）		

(2)いくつかの単元をまとめた記入例

学習活動	知識・技能	思考・判断・表現	主体的に学習に取り組む態度
How are you? How many? I like blue. (Unit2〜4)	○数の数え方や好みの尋ね方を知り，尋ねたり答えたりしながら交流していた。　　　　　　　　　　　　　　　　　　　　　　　　　　　（知・技）		
	○友達と表情やジェスチャーに気をつけながら，数や好みについて伝え合っていた。　　　　　　　　　　　　　　　　　　　　　　　（思・判・表）		
	○大きな声で発表したり，相づちを打つなどして友達の発表を聞こうとしたりしていた。　　　　　　　　　　　　　　　　　　　　　　　（態度）		

(3)観点ごとの記入例

■知識・技能

○日本と外国の数の数え方の違いや似ていることに気付いていた。
○１〜20までの数の言い方を知り，数の言い方に慣れ親しんでいた。
○英語での数の尋ね方を知り，数を尋ねる言い方に慣れ親しんでいた。

■思考・判断・表現

○たくさんの友達と色を塗ったりんごの数を伝え合っていた。
○相手に合わせて，ジェスチャーを交えるなどして伝えていた。
○相手に合わせて，話すスピードを調整して伝えていた。

■主体的に学習に取り組む態度

○自分から進んで，友達と交流しようとしていた。
○色を塗ったりんごの数を伝え合いながら，積極的に会話を楽しんでいた。
○恥ずかしがらずに，ペアの友達に伝えようとしていた。

"Let's Try!1" Unit4　指導要録記入例

(1)単元ごとの記入例

学習活動	知識・技能	思考・判断・表現	主体的に学習に取り組む態度
I like blue. すきなもの をつたえよ う	○英語の音声やリズムなど日本語との違いに気付き，好きなものの言い方や尋ね方に慣れ親しんでいた。　　　　　　　　　　　　　　　　　（知・技）		
	○クラス全体の場で自分の好きなものについて発表していた。　（思・判・表）		
	○友達に伝わるようにジェスチャーを交えながら，積極的に英語で好みを尋ねたり答えたりしようとしていた。　　　　　　　　　　　　　　（態度）		

(2)いくつかの単元をまとめた記入例

学習活動	知識・技能	思考・判断・表現	主体的に学習に取り組む態度
How many? I like blue. What do you like? (Unit3〜5)	○数の数え方や好みの尋ね方を知り，尋ねたり答えたりしながら交流していた。　　　　　　　　　　　　　　　　　　　　　　　　　　　（知・技）		
	○友達と表情やジェスチャーに気を付けながら，好きな物について伝え合っていた。　　　　　　　　　　　　　　　　　　　　　　　（思・判・表）		
	○自分から進んで友達に質問し，数や友達の好きなことについて尋ねようとしていた。　　　　　　　　　　　　　　　　　　　　　　　　　（態度）		

(3)観点ごとの記入例

■知識・技能

○英語の音声やリズムなど日本語との違いに気付いていた。
○英語での色の言い方を知り，好きな色の言い方や尋ね方に慣れ親しんでいた。
○英語での好きなものの言い方を知り，好きなものの言い方や尋ね方に慣れ親しんでいた。

■思考・判断・表現

○たくさんの友達と自分の好みを伝え合っていた。
○相手に伝わるように発表の仕方を考えて，クラスの前で発表していた。
○相手に合わせて，話すスピードを調整したりジェスチャーを交えたりしていた。

■主体的に学習に取り組む態度

○自分から進んで，友達と交流しようとしていた。
○自分の好きなものを伝え合いながら，積極的に会話を楽しんでいた。
○恥ずかしがらずに，大きな声で発表していた。

"Let's Try!1" Unit5　指導要録記入例

(1)単元ごとの記入例

学習活動	知識・技能	思考・判断・表現	主体的に学習に取り組む態度
What do you like? 何がすき？	○日本語と英語の音声の違いに気付き，何が好きかを尋ねたり答えたりする表現に慣れ親しんでいた。 （知・技）	○相手の好きなものを予想しながら，何が好きかを尋ねたり，答えたりしていた。 （思・判・表）	○相手に伝わるように工夫しながら，積極的に何が好きかを尋ねたり答えたりしようとしていた。 （態度）

(2)いくつかの単元をまとめた記入例

学習活動	知識・技能	思考・判断・表現	主体的に学習に取り組む態度
What do you like? ALPHABET This is for you. (Unit5～7)	○好きなものや欲しいものを尋ねたり答えたりする表現に慣れ親しんでいた。 （知・技）	○自分の姓名の頭文字や，好きなもの，欲しいものについて，分かりやすく伝えていた。 （思・判・表）	○友達の好きなものや欲しいものを積極的に尋ねたり，答えたりしようとしていた。 （態度）

(3)観点ごとの記入例

■知識・技能

○身の回りのものの言い方を知り，日本語と英語の音声の違いに気付いていた。

○何が好きかを尋ねたり答えたりする表現に慣れ親しんでいた。

○日本語と英語の音声やリズムの違いに気をつけながら，発音していた。

■思考・判断・表現

○相手の好きなものを予想しながら，何が好きかを尋ねたり答えたりしていた。

○ What ～ do you like? の表現を使い，友達と好きなものについて尋ね合っていた。

○好きなものを尋ねられた際，I like～.の表現を使って自分のことについて答えていた。

■主体的に学習に取り組む態度

○相手に伝わるように工夫しながら，何が好きかを尋ねたり答えたりしようとしていた。

○積極的に友達に何が好きかを尋ねながら，楽しく交流していた。

○好きなものを尋ねられた際，相手に伝わるように工夫しながら答えようとしていた。

"Let's Try!1" Unit6　指導要録記入例

(1)単元ごとの記入例

学習活動	知識・技能	思考・判断・表現	主体的に学習に取り組む態度
ALPHABET アルファベットとなかよし	○アルファベットの大文字とその読み方に慣れ親しんでいた。　　　　　　　(知・技)		
	○アルファベットを仲間分けしたり，自分の姓名の頭文字を伝え合ったりしていた。　　　　　　　(思・判・表)		
	○相手に伝わるように工夫しながら，自分の姓名の頭文字を伝えようとしていた。　　　　　　　(態度)		

(2)いくつかの単元をまとめた記入例

学習活動	知識・技能	思考・判断・表現	主体的に学習に取り組む態度
What do you like? ALPHABET This is for you. (Unit5〜7)	○好きなものや欲しいものを尋ねたり答えたりする表現に慣れ親しんでいた。　　　　　　　(知・技)		
	○自分の姓名の頭文字や，好きなもの，欲しいものについて，分かりやすく伝えていた。　　　　　　　(思・判・表)		
	○友達の好きなものや欲しいものを積極的に尋ねたり，答えたりしようとしていた。　　　　　　　(態度)		

(3)観点ごとの記入例

■知識・技能

○アルファベットの大文字とその読み方に慣れ親しんでいた。
○身の回りにアルファベットの大文字で表されているものがあることに気付いていた。
○アルファベットの大文字の形に慣れ親しんでいた。

■思考・判断・表現

○自分の姓名の頭文字を伝え合っていた。
○アルファベットの読み方を聞いて，どの大文字であるか分かっていた。
○アルファベットの文字の形などに着目して，さまざまな特徴ごとに仲間分けしていた。

■主体的に学習に取り組む態度

○相手に伝わるように工夫しながら，自分の姓名の頭文字を伝えようとしていた。
○積極的にアルファベットの文字を読んだり聞いたりして，友達と楽しく交流していた。
○積極的にアルファベットクイズに取り組み，何の文字か答えようとしていた。

"Let's Try!1" Unit7　指導要録記入例

(1)単元ごとの記入例

学習活動	知識・技能	思考・判断・表現	主体的に学習に取り組む態度
This is for you. カードをおくろう	○日本語と英語の音声の違いに気付き，形の言い方や欲しいものを尋ねたり答えたりする表現に慣れ親しんでいた。（知・技）		
	○欲しい色や形，その大きさと数を尋ねたり伝えたりしていた。（思・判・表）		
	○自分の作品について，色や形を言ったりしながら，相手によく伝わるように紹介しようとしていた。（態度）		

(2)いくつかの単元をまとめた記入例

学習活動	知識・技能	思考・判断・表現	主体的に学習に取り組む態度
ALPHABET This is for you. What's this? (Unit6〜8)	○欲しいものやあるものが何かを尋ねる表現を知り，尋ねたり答えたりしながら友達と交流していた。（知・技）		
	○自分の姓名の頭文字や欲しいものを伝え合ったり，クイズを出し合ったりしていた。（思・判・表）		
	○具体物を提示したり，話す速さを工夫したりしながら，クイズを出したり欲しいものを伝えたりしようとしていた。（態度）		

(3)観点ごとの記入例

■知識・技能

○さまざまな形の言い方を知り，日本語と英語の音声の違いに気付いていた。
○欲しいものを尋ねたり答えたりする表現を知り，お店屋さんごっこをしていた。
○さまざまな形や色，数，大きさの言い方を知っていた。

■思考・判断・表現

○大切なところをゆっくり話しながら，自分の欲しいものを伝えていた。
○相手が欲しい色や形，その大きさと数を聞き取り，お客に渡していた。
○欲しい色や形，その大きさと数を伝えていた。

■主体的に学習に取り組む態度

○自分から進んで欲しいものを伝えて，楽しくお店屋さんごっこをしていた。
○たくさんの形を集めて，友達が喜ぶカードを作ろうとしていた。
○相手によく聞こえるように，元気な声で自分の作品を発表しようとしていた。

"Let's Try!1" Unit8　指導要録記入例

(1)単元ごとの記入例

学習活動	知識・技能	思考・判断・表現	主体的に学習に取り組む態度
What's this? これなあに	○外来語とそれが由来する英語の違いに気付き，身の回りのものの言い方や，あるものが何かを尋ねたり答えたりする表現に慣れ親しんでいた。（知・技）		
	○あるものが何かを尋ねたり答えたりする表現を使って，クイズを出したり答えたりしていた。　　　　　　（思・判・表）		
	○声の大きさ，話す速さを工夫しながらクイズを出したり，大きな声でクイズに答えたりしようとしていた。　　　　　　（態度）		

(2)いくつかの単元をまとめた記入例

学習活動	知識・技能	思考・判断・表現	主体的に学習に取り組む態度
This is for you. What's this? Who are you? (Unit7〜9)	○外来語とそれが由来する英語の音声との違いや，日本語と英語の音声やリズムの違いに気付いていた。　　　　　　（知・技）		
	○欲しいものを尋ねたり，クイズを出し合ったりしていた。　（思・判・表）		
	○相手が楽しむことができるように工夫しながら，クイズを出したり，物語のセリフをまねて言おうとしたりしていた。　　　　　　（態度）		

(3)観点ごとの記入例

■知識・技能

○自分が知る外来語とそれが由来する英語の言い方との違いに気付いていた。
○身の回りにあるさまざまなものの言い方に慣れ親しんでいた。
○あるものが何かを尋ねたり答えたりする表現に慣れ親しんでいた。

■思考・判断・表現

○相手が理解しているかどうかを確かめながら，ゆっくりとクイズを出していた。
○相手が聞き取れるように，はっきりと丁寧にクイズに答えていた。
○相手にとって丁度よい難しさの楽しいクイズを出していた。

■主体的に学習に取り組む態度

○クイズ大会が盛り上がるように，元気な声でクイズを出したり答えたりしようとしていた。
○声の大きさや話す速さを工夫して，楽しいクイズを出していた。
○クイズに積極的に答えて，クイズ大会を楽しんでいた。

"Let's Try!1" Unit9　指導要録記入例

(1)単元ごとの記入例

学習活動	知識・技能	思考・判断・表現	主体的に学習に取り組む態度
Who are you? きみはだれ？	○英語特有の音声やリズムを意識し，「誰か」と尋ねたり答えたりする表現に慣れ親しんでいた。　　　　　　　　　　　　　　　　　（知・技）	○絵本の読み聞かせや友達のクイズを聞いて，おおよその内容をつかんでいた。　　　　　　　　　　　　　　　　　　　　　　（思・判・表）	○絵本や友達のクイズに反応しながら聞いたり，相手に伝わるようにクイズを出題しようとしたりしていた。　　　　　　　　　（態度）

(2)いくつかの単元をまとめた記入例

学習活動	知識・技能	思考・判断・表現	主体的に学習に取り組む態度
This is for you. What's this? Who are you? (Unit7～9)	○英語特有の音声やリズムを意識し，尋ねたり答えたりする表現に慣れ親しんでいた。　　　　　　　　　　　　　　　　　　　（知・技）	○クイズなどを通じて，尋ねたり答えたりし合っていた。　（思・判・表）	○相手の話に反応しながら聞こうとしたり，伝わるように工夫して言おうとしたりしていた。　　　　　　　　　　　　　　　　（態度）

(3)観点ごとの記入例

■知識・技能

○英語特有のリズムを意識して練習していた。
○「誰か」と尋ねたり答えたりする表現に慣れ親しんでいた。
○繰り返し練習することで，言える表現を進んで増やしていた。

■思考・判断・表現

○絵本の読み聞かせや友達のクイズを聞いて，おおよその内容を分かって答えていた。
○絵本の読み聞かせや友達のクイズを聞いて，相づちなどの反応を返していた。
○見つけたものを説明する表現を使っていた。

■主体的に学習に取り組む態度

○絵本の読み聞かせや友達のクイズを最後まで聞こうとしていた。
○絵本の読み聞かせや友達のクイズに対して，積極的に反応をしようとしていた。
○進んでクイズに答えようとしていた。

"Let's Try!1" Unit1　通知表の文例集

(1)観点ごとの文例

観点	文例
知識・技能	○世界のいろいろな国の挨拶を知り，日本と外国との挨拶の違いについて気付いていました。 ○コミュニケーションを図る際のアイコンタクトや声の大きさ，笑顔の大切さを知っていました。 ○挨拶や名前を繰り返し言いながら，英語特有の音声やリズムに慣れ親しんでいました。
思考・判断・表現	○友達と挨拶をし，名前を言ったり聞いたりしながら，相手に伝えていました。 ○クラスの子ども達の前で，挨拶や自分の名前をみんなに伝わるように発表していました。 ○カード交換の活動を通して，英語で友達に挨拶をし，自分の名前を伝えていました。
主体的に学習に取り組む態度	○積極的に誰とでも挨拶をしていました。 ○相手に伝わるように声の大きさや視線を工夫しながら，クラスの前で発表していました。 ○誰に対しても積極的に挨拶をし，自信をもって楽しくカード交換をしていました。

(2)いくつかの観点をまとめた文例

観点	文例
知識・技能／思考・判断・表現	○英語での挨拶の仕方や表現を知り，友達と自分の名前を言ったり聞いたりしながらカードを交換していました。
知識・技能／主体的に学習に取り組む態度	○世界にはいろいろな国やそこで話されているいろいろな挨拶の言葉があること知り，友達と積極的に英語を使いながら，楽しくコミュニケーションを図っていました。
思考・判断・表現／主体的に学習に取り組む態度	○積極的に友達とカード交換をしながら，楽しく挨拶や自分の名前を伝え合っていました。

"Let's Try!1" Unit2　通知表の文例集

(1)観点ごとの文例

観点	文例
知識・技能	○感情や状態を表す表現を知り，英語独特の音声やリズムに慣れ親しんでいました。 ○表情を工夫したり，ジェスチャーを交えたりすることがコミュニケーションにおいて大切だと気付いていました。 ○さまざまなジェスチャーを繰り返し使いながら，感情や状態を表す表現に慣れ親しんでいました。
思考・判断・表現	○感情や状態を尋ねたり答えたりする場面で，表情やジェスチャーを工夫して友達に伝えていました。 ○自分の気持ちが伝わるように，大きな声でジェスチャーを交えながら，友達にクイズを出したりインタビューしたりしていました。 ○表情やジェスチャーを工夫しながら，友達と感情や状態を伝え合っていました。
主体的に学習に取り組む態度	○自分から進んで友達に挨拶し，ジェスチャーを交えながら，感情や状態を表す表現を使っていました。 ○相手の方をしっかりと見て，声の大きさや表情を工夫しながら，気持ちを表す表現を積極的に使っていました。 ○世界のさまざまなジェスチャーを使って，楽しみながら自分の気持ちを伝えていました。

(2)いくつかの観点をまとめた文例

観点	文例
知識・技能／思考・判断・表現	○表情やジェスチャーの大切さを知り，相手に伝わるよう工夫しながら，感情や状態を尋ねたり答えたりしていました。
知識・技能／主体的に学習に取り組む態度	○感情や状態を表す表現や，表情・ジェスチャーの大切さを知り，自分から進んで使おうとしていました。
思考・判断・表現／主体的に学習に取り組む態度	○表情やジェスチャーを工夫しながら，感情や状態を表す表現を積極的に使って友達と交流していました。

"Let's Try!1" Unit3　通知表の文例集

⑴観点ごとの文例

観点	文例
知識・技能	○日本と外国の数の数え方には違いや似ているところがあることに気付いていました。 ○1～20までの数を繰り返し言いながら，英語特有の音声やリズムに慣れ親しんでいました。 ○数を尋ねる表現を繰り返し言いながら，英語特有の音声やリズムに慣れ親しんでいました。
思考・判断・表現	○友達と色を塗ったりりんごの数を言ったり聞いたりしながら，相手と伝え合っていました。 ○友達とじゃんけんをし，勝った数などについてみんなに伝わるように発表していました。 ○グループでの好きな漢字紹介を通して，英語で友達に画数を尋ねたり答えたりしていました。
主体的に学習に取り組む態度	○大きな声で歌ったり，話したりしていました。 ○相手に伝わるように声の大きさや視線を工夫しながら，積極的に伝え合っていました。 ○誰とでも積極的に交流し，自信をもって楽しく伝え合っていました。

⑵いくつかの観点をまとめた文例

観点	文例
知識・技能／思考・判断・表現	○数の数え方の言い方や尋ねたりする表現を知り，友達と数を言ったり聞いたりしながらインタビューゲームをしていました。
知識・技能／主体的に学習に取り組む態度	○数の数え方の言い方や尋ねたりする表現を知り，友達と積極的に英語を使いながら，楽しくコミュニケーションを図っていました。
思考・判断・表現／主体的に学習に取り組む態度	○相手に伝わるように数を言ったり尋ねたりし，また，友達の話を聞き取れるように楽しく相づちを打ちながら伝え合っていました。

"Let's Try!1" Unit4　通知表の文例集

(1)観点ごとの文例

観点	文例
知識・技能	○世界には多様な考え方があることを知り，英語の音声やリズムなど日本語との違いに気付いていました。 ○好きなものの言い方や尋ね方を繰り返し言いながら，英語特有の音声やリズムに慣れ親しんでいました。 ○好きなものの言い方や尋ね方を知り，それを使って，コミュニケーションを図ることに慣れ親しんでいました。
思考・判断・表現	○友達と好きなものについて言ったり答えたりしながら，相手に伝えていました。 ○クラスの子ども達の前で，自分の好きなものをみんなに伝わるように発表していました。 ○友達の好きなものを予想してから，英語で友達に好きか嫌いかを尋ねていました。
主体的に学習に取り組む態度	○積極的に誰とでも英語を使って，好きなことや嫌いなことについて交流をしていました。 ○相手に伝わるように声の大きさや視線の工夫，ジェスチャーなどを交えながら，積極的にクラスの前で発表していました。 ○誰に対しても積極的に交流し，自信をもって楽しくコミュニケーションを図っていました。

(2)いくつかの観点をまとめた文例

観点	文例
知識・技能／思考・判断・表現	○色の言い方や好きな色を尋ねる表現を知り，自分の好きな色を友達と伝え合っていました。
知識・技能／主体的に学習に取り組む態度	○好みを表す表現や，好きかどうかを尋ねたり答えたりする表現を知り，友達と積極的に英語を使いながら，楽しくコミュニケーションを図っていました。
思考・判断・表現／主体的に学習に取り組む態度	○自分の好みを紹介する発表では，クラスのみんなに伝わるようにジェスチャーを交えながら，積極的に好きなものを話していました。

"Let's Try!1" Unit5　通知表の文例集

(1)観点ごとの文例

観点	文例
知識・技能	○食べ物やスポーツの英語を知り，日本語と英語の音声の違いに気付いていました。 ○チャンツのリズムに合わせて楽しく練習し，何が好きかを尋ねたり答えたりする表現に慣れ親しんでいました。 ○キーワード・ゲーム等の活動では，日本語と英語の音声やリズムの違いに気付き，発音していました。
思考・判断・表現	○インタビュー・ゲームでは，相手の好きなものを予想しながら，何が好きかを尋ねたり答えたりしていました。 ○ What〜do you like? の表現を使って，友達と好きなものについて尋ね合っていました。 ○友達から好きなものを尋ねられた際，I like〜. の表現を使って自分のことについて答えていました。
主体的に学習に取り組む態度	○相手に伝わるように声の大きさやアイコンタクトを意識しながら，何が好きかを尋ねたり答えたりしようとしていました。 ○積極的にたくさんの友達に何が好きかを尋ねながら，楽しく交流していました。 ○友達から好きなものを尋ねられた際，相手に伝わるように声の大きさやアイコンタクトを意識しながら答えようとしていました。

(2)いくつかの観点をまとめた文例

観点	文例
知識・技能／思考・判断・表現	○何が好きかを尋ねたり答えたりする表現を知り，友達の答えを予想しながら好きなものについて尋ね合っていました。
知識・技能／主体的に学習に取り組む態度	○何が好きかを尋ねたり答えたりする表現を知り，誰とでも積極的に好きなものについて伝え合い，楽しく交流していました。
思考・判断・表現／主体的に学習に取り組む態度	○相手に伝わるように声の大きさやアイコンタクトを意識しながら，積極的に好きなものについて尋ねたり，答えたりしていました。

"Let's Try!1" Unit6　通知表の文例集

(1)観点ごとの文例

観点	文例
知識・技能	○いろいろな活動を通して，アルファベットの大文字とその読み方に慣れ親しんでいました。 ○身の回りにアルファベットの大文字で表されているものがあることに気付いていました。 ○アルファベットクイズや線つなぎの活動を通して，アルファベットの大文字の形に慣れ親しんでいました。
思考・判断・表現	○自分の姓名の頭文字を伝え合い，アルファベットのカードを友達と交換していました。 ○アルファベットの読み方を聞いたら，どの大文字であるのか分かるようになりました。 ○アルファベットの文字の形などに着目して，さまざまな特徴ごとに仲間分けをしていました。
主体的に学習に取り組む態度	○相手に伝わるように工夫しながら，自分の姓名の頭文字を伝えようとしていました。 ○積極的にアルファベットの文字を読んだり聞いたりして，友達と楽しく交流していました。 ○積極的にアルファベットクイズに取り組み，何の文字か答えようとしていました。

(2)いくつかの観点をまとめた文例

観点	文例
知識・技能／思考・判断・表現	○アルファベットの大文字とその読み方を知り，自分の姓名の頭文字を伝え合っていました。
知識・技能／主体的に学習に取り組む態度	○アルファベットの大文字とその読み方を知り，相手に伝わるように工夫しながら，自分の姓名の頭文字を伝えようとしていました。
思考・判断・表現／主体的に学習に取り組む態度	○相手に伝わるように工夫しながら，積極的に自分の姓名の頭文字を伝え合っていました。

"Let's Try!1" Unit7　通知表の文例集

(1)観点ごとの文例

観点	文例
知識・技能	○さまざまな形の言い方を知り，日本語と英語の音声の違いに気付いていました。 ○お店屋さんごっこをしながら，欲しいものを尋ねたり答えたりする表現に慣れ親しんでいました。 ○色や形，大きさや数の言い方を知り，自分の作品の形を伝えていました。
思考・判断・表現	○お店屋さんごっこでは，店員がよく分かるように大切なところをゆっくり話しながら，欲しいものを伝えていました。 ○お店屋さんごっこでは，お客の欲しい色や形，その大きさと数を聞き取り，相手が求める形をきちんと渡していました。 ○欲しい色や形，その大きさや数をきちんと伝えて，自分の作品に必要なものを集めていました。
主体的に学習に取り組む態度	○積極的に自分の欲しいものを伝えて，お店屋さんごっこを楽しんでいました。 ○友達の喜ぶカードを作るために，欲しいものをたくさん伝えて，必要な形を集めようとしていました。 ○相手によく伝わるように，形を指したり，はっきりとした声で話したりしながら，自分の作品を紹介していました。

(2)いくつかの観点をまとめた文例

観点	文例
知識・技能／思考・判断・表現	○欲しいものを尋ねたり答えたりする表現やさまざまな形の言い方を知り，欲しい色や形，その大きさと数を尋ねて，きちんと聞き取ったり，伝えたりしていました。
知識・技能／主体的に学習に取り組む態度	○欲しいものを尋ねたり答えたりする表現を知り，相手に伝わるように声の大きさや話す速さを工夫しながら，楽しく友達と交流していました。
思考・判断・表現／主体的に学習に取り組む態度	○お店屋さんごっこでは，欲しいものを尋ねたり答えたりする表現を使って，積極的に欲しい形を伝えたり，相手が求める形をきちんと聞き取って渡したりしていました。

"Let's Try!1" Unit8　通知表の文例集

(1)観点ごとの文例

観点	文例
知識・技能	○自分が知る外来語とそれが由来する英語との音声の違いに気付いていました。 ○友達とクイズを出し合いながら，あるものが何か尋ねたり答えたりする表現に慣れ親しんでいました。 ○身の回りにあるさまざまなものの言い方を知り，クイズを出したり答えたりしていました。
思考・判断・表現	○相手が理解しているかどうか様子を見ながら，分かりやすいようにゆっくりと丁寧にクイズを出していました。 ○相手が聞き取ることができるように，大きな声ではっきりとクイズに答えていました。 ○友達にとって，難しさが丁度よい程度の楽しいクイズを考えて出していました。
主体的に学習に取り組む態度	○元気な声でクイズを出したり積極的に答えたりするなど，クイズ大会を楽しんでいました。 ○クイズ大会を盛り上げるために，声の大きさや話す速さを工夫して，クイズを出していました。 ○どのクイズにも積極的に答えたり，相手が楽しむことができるように工夫してクイズを出していました。

(2)いくつかの観点をまとめた文例

観点	文例
知識・技能／思考・判断・表現	○身近なものの言い方や，あるものが何かを尋ねたり答えたりする表現を知り，クイズを出したり答えたりしていました。
知識・技能／主体的に学習に取り組む態度	○あるものが何かを尋ねたり答えたりする表現を知り，相手が楽しむことができるように工夫してクイズを出したり，積極的にクイズに答えたりしていました。
思考・判断・表現／主体的に学習に取り組む態度	○友達が楽しむことのできるように，声の大きさや話す速さを工夫してクイズを出したり，よく聞こえる声で答えたりしていました。

"Let's Try!1" Unit9　通知表の文例集

(1)観点ごとの文例

観点	文例
知識・技能	○英語特有の音声やリズムを意識して，絵本に関する内容のクイズを出したりしていました。 ○絵本の中で，「誰か」と尋ねたり答えたりする表現に慣れ親しんでいました。 ○絵本の読み聞かせに続いて繰り返し練習することで，言える表現を増やしていました。
思考・判断・表現	○絵本の読み聞かせや友達のクイズを聞いて，話されている内容について答えていました。 ○絵本の読み聞かせや友達のクイズを聞いて，聞こえた表現を繰り返したり，相づちなどの反応を返したりしていました。 ○短い話の中で，かくれんぼしている動物の色や特徴を伝える表現を進んで使っていました。
主体的に学習に取り組む態度	○絵本の読み聞かせや友達のクイズを最後まで聞いて，内容をつかもうとしていました。 ○絵本の読み聞かせや友達のクイズに対して，聞こえた表現を繰り返して，進んで反応しようとしていました。 ○絵本の読み聞かせや友達のクイズに対して，進んで答えようとしていました。

(2)いくつかの観点をまとめた文例

観点	文例
知識・技能／思考・判断・表現	○尋ねたり答えたりする表現に慣れ親しみ，絵本やクイズで聞いたことのおおよその内容を分かっていました。
知識・技能／主体的に学習に取り組む態度	○尋ねたり答えたりする表現に慣れ親しみ，絵本やクイズに相づちなどの反応をしながら楽しそうに聞いていました。
思考・判断・表現／主体的に学習に取り組む態度	○絵本や友達のクイズのおおよその内容をつかみ，進んで反応したりクイズに答えたりしようとしていました。

"Let's Try!2" Unit1　指導要録記入例

(1)単元ごとの記入例

学習活動	知識・技能	思考・判断・表現	主体的に学習に取り組む態度
Hello, world!　世界のいろいろなことばであいさつをしよう	○世界には，さまざまな国の挨拶の仕方があることに気付き，英語の挨拶の言い方に慣れ親しんでいた。　　　　　　　　　　　　　　　　　　　（知・技）　○日本と外国の挨拶の共通点や相違点など，映像の視聴を通して気付いたことをグループで交流していた。　　　　　　　　　　　　　　　　（思・判・表）　○相手に配慮して，自分の好きなことを伝えようとしていた。　　　　（態度）		

(2)いくつかの単元をまとめた記入例

学習活動	知識・技能	思考・判断・表現	主体的に学習に取り組む態度
Hello, world! Let's play cards. I like Mondays. (Unit1～3)	○世界の子ども達の生活や遊びについて知り，挨拶や遊びに誘う表現などに慣れ親しんでいた。　　　　　　　　　　　　　　　　　　　　　　　（知・技）　○好きなことや嫌いなことなどについて，友達の考えを聞いたり，自分の考えを伝えたりしていた。　　　　　　　　　　　　　　　　　　　（思・判・表）　○相手に伝わるように工夫しながら，興味のある話題について，積極的に英語でコミュニケーションを図ろうとしていた。　　　　　　　　（態度）		

(3)観点ごとの記入例

■知識・技能

○世界のさまざまな挨拶を知り，言い方やジェスチャーの共通点や相違点に気付いていた。
○世界のさまざまな国の挨拶の仕方を知り，授業中の活動を通して慣れ親しんでいた。
○自分の好きなことや嫌いなことを伝える英語表現に慣れ親しんでいた。

■思考・判断・表現

○さまざまな国の言葉を用いて，友達と挨拶をしていた。
○映像を視聴し，自分たちとの共通点や相違点など気付いたことを発表していた。
○自分の好きなことや嫌いなことについて，英語で伝え合っていた。

■主体的に学習に取り組む態度

○自分から進んで，友達と挨拶を交わそうとしていた。
○相手に伝わっていることを確認しながら，自分の好きなことを話そうとしていた。
○単元のまとめの言語活動において，相づちを打ちながら相手の話を聞こうとしていた。

"Let's Try!2" Unit2　指導要録記入例

(1)単元ごとの記入例

学習活動	知識・技能	思考・判断・表現	主体的に学習に取り組む態度
Let's play cards. すきな遊びをつたえよう	○さまざまな動作，遊びや天気の言い方，遊びに誘う表現に慣れ親しんでいた。 (知・技) ○映像を見たり，ALTの話を聞いたりしながら，自分たちとの共通点や相違点など気付いたことを発表していた。 (思・判・表) ○相手に配慮し，自分のしたい遊びを伝えようとしていた。 (態度)		

(2)いくつかの単元をまとめた記入例

学習活動	知識・技能	思考・判断・表現	主体的に学習に取り組む態度
Hello, world! Let's play cards. I like Mondays. (Unit1〜3)	○世界の子ども達の生活や遊びについて知ったり，挨拶や遊びに誘ったりする表現に慣れ親しんでいた。 (知・技) ○友達の考えや好みを聞き，それに対して自分の考えや好みについて伝え合っていた。 (思・判・表) ○相手に伝わるように工夫しながら，挨拶や話題について積極的にコミュニケーションを図っていた。 (態度)		

(3)観点ごとの記入例

■知識・技能

○世界のさまざまな国の遊びを知り，誘う表現に慣れ親しんでいた。
○天気，遊び，挨拶，動作に関する表現を理解していた。
○曜日や天気を尋ねたり答えたりする言い方を知っていた。

■思考・判断・表現

○友達と天気や遊びについて伝え合っていた。
○友達からの質問を受けて，自分の思いをクラスのみんなの前で発表していた。
○映像を視聴し，自分たちとの共通点や相違点など気付いたことを発表していた。

■主体的に学習に取り組む態度

○相づちを打ちながら，友達の話を聞こうとしていた。
○相手に配慮しながら，自分の思いを伝えようとしていた。
○好きな曜日について，友達と積極的に会話を楽しんでいた。

"Let's Try!2" Unit3　指導要録記入例

(1)単元ごとの記入例

学習活動	知識・技能	思考・判断・表現	主体的に学習に取り組む態度
I like Mondays. すきな曜日は何かな？	○世界の子ども達の生活の様子を知り，曜日の言い方や曜日を尋ねたり答えたりする表現に慣れ親しんでいた。　　　　　　　　（知・技）		
	○自分の好きな曜日について，尋ねたり答えたりして伝え合っていた。　　　　　　　　　　　　　　　　　　　　　　　（思・判・表）		
	○相手に配慮しながら，自分の好きな曜日を伝えようとしていた。　（態度）		

(2)いくつかの単元をまとめた記入例

学習活動	知識・技能	思考・判断・表現	主体的に学習に取り組む態度
Let's play cards. I like Mondays. What time is it? （Unit2〜4）	○世界の子ども達の生活の様子を知り，天気や曜日，時刻について，聞いたり言ったりすることに慣れ親しんでいた。　　　　　　　（知・技）		
	○自分の好きな曜日や時刻，天気や遊びについて，工夫しながら伝え合っていた。　　　　　　　　　　　　　　　　　　　　　（思・判・表）		
	○相手のことに配慮して，自分の好きな曜日や時刻などを進んで伝え合おうとしていた。　　　　　　　　　　　　　　　　　　　（態度）		

(3)観点ごとの記入例

■知識・技能

○世界の同年代の子ども達の生活の様子を知り，共通点や相違点に気付いていた。
○曜日の言い方や曜日を尋ねたり答えたりする表現を知り，聞いたり言ったりしていた。
○好きな曜日を尋ねたり答えたりする表現に慣れ親しんでいた。

■思考・判断・表現

○相手の反応を見ながら，好きな曜日を聞き取ったり工夫して伝えたりしていた。
○効果的なヒントの出し方を考えて曜日クイズを出題したり，クイズに答えたりしていた。
○相手に合わせて表現やスピードを調整し，自分の好きな曜日を伝えていた。

■主体的に学習に取り組む態度

○進んで相手を見つけ，相手の反応を見ながら好きな曜日について伝えようとしていた。
○友達と好きな曜日を尋ねたり答えたりして伝え合おうとしていた。
○相手に分かるように曜日クイズを出題したり，好きな曜日を伝えようとしたりしていた。

"Let's Try!2" Unit4　指導要録記入例

(1)単元ごとの記入例

学習活動	知識・技能	思考・判断・表現	主体的に学習に取り組む態度
What time is it? 今何時？	○世界の国や地域によって時刻が異なることに気付くとともに，時刻や生活時間について聞いたり言ったりしていた。　（知・技）	○自分の好きな時間について，尋ねたり答えたりして伝え合っていた。 　（思・判・表） ○相手に配慮しながら，自分の好きな時間について伝えようとしていた。 　（態度）	

(2)いくつかの単元をまとめた記入例

学習活動	知識・技能	思考・判断・表現	主体的に学習に取り組む態度
I like Mondays. What time is it? Do you have a pen? (Unit3～5)	○世界の子ども達の生活の様子を知り，時刻，持ちものについて，聞いたり言ったりしていた。　（知・技）	○自分の好きな曜日や時刻，持ちものについて，工夫しながら伝え合っていた。 　（思・判・表） ○相手のことを配慮して，自分の好きな曜日や時刻などを進んで伝えようとしていた。　（態度）	

(3)観点ごとの記入例

■知識・技能

○世界の国や地域によって時刻が異なることに気付いていた。
○時刻や日課の言い方や尋ね方を知り，聞いたり言ったりしていた。
○好きな時間について尋ねたり答えたりする表現に慣れ親しんでいた。

■思考・判断・表現

○相手の反応を見ながら，自分の好きな時間について工夫して伝えていた。
○相手の反応を見ながら表現やスピードを調整し，自分の好きな時間を伝えていた。
○うまく聞き取ったり伝えたりする方法を考え，好きな時刻とその理由を伝え合っていた。

■主体的に学習に取り組む態度

○進んで相手を見つけ，好きな時間を尋ねたり答えたりして伝え合おうとしていた。
○友達や教師の日課や好きな時間を聞き取り，自分の日課を分かりやすく伝えようとしていた。
○相手に配慮しながら，日課や好きな時間を伝え合おうとしていた。

"Let's Try!2" Unit5 指導要録記入例

(1)単元ごとの記入例

学習活動	知識・技能	思考・判断・表現	主体的に学習に取り組む態度
Do you have a pen? おすすめの文房具セットをつくろう	○文房具などの学校で使う物の言い方を知り，持ち物を尋ねたり答えたりする表現に慣れ親しんでいた。　　　　　　　　　　　（知・技）		
	○文房具など学校で使う物を持っているかどうか尋ねたり答えたりして伝え合っていた。　　　　　　　　　　　　　　　（思・判・表）		
	○相手に伝わるように工夫しながら，作った文房具セットについて紹介しようとしていた。　　　　　　　　　　　　　　　（態度）		

(2)いくつかの単元をまとめた記入例

学習活動	知識・技能	思考・判断・表現	主体的に学習に取り組む態度
What time is it? Do you have a pen? Alphabet (Unit4～6)	○文房具などの身の回りにある物は，アルファベット活字体の小文字で表されているものがたくさんあることを知り，活字体の小文字とその読み方を聞いたり言ったりしていた。　　　　　　　　　　　（知・技）		
	○好きな時刻や日課について，尋ねたり答えたりして伝え合っていた。　　　　　　　　　　　　　　　　　　　　　　　（思・判・表）		
	○相手に伝わるように工夫しながら，作った文房具セットやそれに付いている文字などについて紹介しようとしていた。　　　　（態度）		

(3)観点ごとの記入例

■知識・技能

○文房具などの学校で使う物の言い方に慣れ親しんでいた。
○持ち物を尋ねたり答えたりする表現を知り，聞いたり言ったりしていた。
○文房具セットの中身を紹介する表現に慣れ親しんでいた。

■思考・判断・表現

○文房具など学校で使う物について，持っているかどうか尋ねたり答えたりして伝え合っていた。
○文房具セットについて紹介したり，中身について尋ねたり答えたりして伝え合っていた。
○どう言えばうまく伝わるかを考えながら，文房具セットについて紹介していた。

■主体的に学習に取り組む態度

○相手に伝わるように，文房具セットについて尋ねたり答えたりしようとしていた。
○誰のためにどのような文房具セットを作ったのか，進んで紹介しようとしていた。
○進んで相手を見つけて，文房具セットについて尋ねたり答えたりしていた。

"Let's Try!2" Unit6　指導要録記入例

(1)単元ごとの記入例

学習活動	知識・技能	思考・判断・表現	主体的に学習に取り組む態度
Alphabet アルファベットで文字遊びをしよう	○身の回りにはアルファベット活字体の小文字で表されているものがたくさんあることに気付き，その読み方に慣れ親しんでいた。　　　　　（知・技）		
	○身の回りにあるアルファベット活字体の小文字の読み方を聞いたり言ったりして伝え合っていた。　　　　　　　　　　　　　　　　　　（思・判・表）		
	○相手に伝わるように工夫しながら，アルファベット活字体の小文字について伝え合おうとしていた。　　　　　　　　　　　　　　　　　　　（態度）		

(2)いくつかの単元をまとめた記入例

学習活動	知識・技能	思考・判断・表現	主体的に学習に取り組む態度
Do you have a pen? Alphabet What do you want? (Unit5〜7)	○食材の名前や欲しいものを尋ねたり要求したりする表現を知り，言ったり聞いたりしていた。　　　　　　　　　　　　　　　　　　　　　（知・技）		
	○身の回りにあるアルファベット活字体の小文字の読み方を聞いたり言ったりして伝え合っていた。　　　　　　　　　　　　　　　　　　（思・判・表）		
	○相手に伝わるように工夫しながら，欲しい文房具について紹介していた。　　　　　　　　　　　　　　　　　　　　　　　　　　　　　（態度）		

(3)観点ごとの記入例

■知識・技能

○身の回りには，活字体の小文字で表されているものがたくさんあることに気付いていた。

○アルファベット活字体の小文字の読み方を聞いたり言ったりすることに慣れ親しんでいた。

○アルファベットの読み方の中には，英語特有の音があることに気付いていた。

■思考・判断・表現

○アルファベット活字体の小文字の読み方を聞いたり言ったりして伝え合っていた。

○相手の様子を見ながら，繰り返したり言い方を替えたりしていた。

○効果的なヒントの出し方を考えてアルファベットクイズを出したり，答えたりしていた。

■主体的に学習に取り組む態度

○相手に伝わるように工夫しながら，小文字を尋ねたり答えたりしようとしていた。

○進んでアルファベット活字体の小文字について伝え合おうとしていた。

○相手の様子を見ながらアルファベット活字体の小文字を伝え合おうとしていた。

"Let's Try!2" Unit7　指導要録記入例

(1)単元ごとの記入例

学習活動	知識・技能	思考・判断・表現	主体的に学習に取り組む態度
What do you want? ほしいものは何かな？	○食材の言い方や，欲しいものを尋ねたり答えたりする表現に慣れ親しんでいた。　　　　　　　　　　　　　　　　　　　　　　　　　　　（知・技）		
	○欲しいものを尋ねたり，要求に対して応答したりしていた。 ○自分の好きなオリジナルメニューを作り，紹介していた。　　（思・判・表）		
	○相手の要求を聞いて，欲しいものを尋ねたり，それに応答したりして，進んでコミュニケーションを図ろうとしていた。　　　　　　　　　　　（態度）		

(2)いくつかの単元をまとめた記入例

学習活動	知識・技能	思考・判断・表現	主体的に学習に取り組む態度
Alphabet What do you want? This is my favorite place. (Unit6〜8)	○日本と世界の学校の様子や市場の様子など，文化の違いや似通った部分に気付いていた。　　　　　　　　　　　　　　　　　　　　　　　　（知・技）		
	○自分の好きな食材を入れたメニューやお気に入りの場所について考え，イラストや資料を手掛かりにしながら，紹介していた。　　　　　　　　（思・判・表）		
	○オリジナルピザ紹介で，相手に分かりやすく伝えようとしていた。　（態度）		

(3)観点ごとの記入例

■知識・技能

○世界の市場の様子と日本の市場の様子を比較し，その共通点や相違点に気付いていた。
○欲しいものを尋ねたり，それに応答したりする表現に慣れ親しんでいた。

■思考・判断・表現

○自分の思いに基づいて欲しい食材や食べ物を尋ねたり，相手の要求に合わせて応答したりしていた。
○相手に伝わりやすく声の大きさを考えたり，発表用シートを作成し，それを見せながら発表したりしていた。
○相手や状況に合わせて質問したり，質問に答えたりしていた。

■主体的に学習に取り組む態度

○買い物を楽しみ，積極的にコミュニケーションを図ろうとしていた。
○進んで友達と関わり，オリジナルメニューを伝えようとしていた。
○学習した表現を使うことができる場面と状況について考え，積極的に学びをつなげようとしていた。

"Let's Try!2" Unit8　指導要録記入例

(1)単元ごとの記入例

学習活動	知識・技能	思考・判断・表現	主体的に学習に取り組む態度
This is my favorite place. お気に入りの場所をしょうかいしよう	○教室名の言い方や道案内の仕方に慣れ親しんでいた。　　　　　　　　(知・技)		
	○お気に入りの場所まで道案内をしたり，自分が気に入っている理由を伝えたりしていた。　　　　　　　　　　　　　　　　　　　　　　(思・判・表)		
	○相手の理解度に配慮しながら，道案内をしようとしていた。 ○お気に入りの場所やその理由を，ジェスチャーを付けて分かりやすく相手に伝えようとしていた。　　　　　　　　　　　　　　　　　　　　(態度)		

(2)いくつかの単元をまとめた記入例

学習活動	知識・技能	思考・判断・表現	主体的に学習に取り組む態度
What do you want? This is my favorite place. This is my day. (Unit7〜9)	○道案内の仕方や日課を表す表現に慣れ親しんでいた。　　　　(知・技)		
	○お気に入りの場所や一日の過ごし方などの話を聞いて，その内容を考えたり，友達や教師の問いかけに反応したりしていた。　　　　　　　　(思・判・表)		
	○オリジナルメニューやお気に入りの場所が伝わるように，相手の反応を見ながらジェスチャーをしたり，イラストを指し示したりして，積極的にコミュニケーションを図ろうとしていた。　　　　　　　　　　　　　　　(態度)		

(3)観点ごとの記入例

■知識・技能

○外国の学校と日本の学校とを比べ，その共通点や相違点に気付いていた。
○チャンツを繰り返し言い，英語のリズムに慣れ親しんでいた。
○教室名の言い方や道案内の仕方に慣れ親しんでいた。

■思考・判断・表現

○校内のお気に入りの場所やその理由について，写真を見せながら自分の思いを話していた。
○校内の地図を手掛かりに，自分のお気に入りの場所への道案内をしていた。
○相手の反応を見て繰り返したり，ジェスチャーを付けて伝えたりしていた。

■主体的に学習に取り組む態度

○デジタル教材や教師の話す短い話を注意深く聞き，その内容をつかもうとしていた。
○友達の道案内を注意深く聞き，お気に入りの場所はどこかを理解しようとしていた。
○相手の理解度を見ながら，分かりやすく道案内をしようとしていた。

"Let's Try!2" Unit9　指導要録記入例

(1)単元ごとの記入例

学習活動	知識・技能	思考・判断・表現	主体的に学習に取り組む態度
This is my day. ぼく・わたしの一日	○英語特有の音声やリズムを意識し，日課を表すさまざまな表現に慣れ親しんでいた。　　　　　　　　　　　　　　　　　　　　　　　　　　　　（知・技）		
	○絵本や友達の発表内容を自分の日課と比べながら聞いて，おおよその内容を捉えていた。　　　　　　　　　　　　　　　　　　　　　　　　（思・判・表）		
	○絵本や友達の発表を聞いて，進んで反応したり問いに答えようとしていた。　　　　　　　　　　　　　　　　　　　　　　　　　　　　　　　　（態度）		

(2)いくつかの単元をまとめた記入例

学習活動	知識・技能	思考・判断・表現	主体的に学習に取り組む態度
What do you want? This is my favorite place. This is my day. (Unit7～9)	○欲しいものやお気に入りの場所，日課などの表現を知り，尋ねたり答えたりしながら交流していた。　　　　　　　　　　　　　　　　　　　　（知・技）		
	○相づちなどで相手に反応を返し，相手の話を捉えていた。　（思・判・表）		
	○相手に届く声の大きさや英語特有の音声，ジェスチャー等，相手に配慮してコミュニケーションを図ろうとしていた。　　　　　　　　　　　　　（態度）		

(3)観点ごとの記入例

■知識・技能

○英語特有の音声やリズムに気付き，発話していた。

○日課の表現に慣れ親しんでいた。

○相づちなど，相手に反応を返す表現を知っていた。

■思考・判断・表現

○絵本の内容を捉えていた。

○自分の生活と比べながら，日課を聞いていた。

○友達の発表内容を捉え，クイズに答えていた。

■主体的に学習に取り組む態度

○相手が発表しやすい温かな雰囲気をつくろうとしていた。

○ジェスチャーなど，他者に伝わりやすいような配慮をしていた。

○グループで協力し，進んで友達に伝えようとしていた。

"Let's Try!2" Unit1　通知表の文例集

⑴観点ごとの文例

観点	文例
知識・技能	○世界には，さまざまな国の挨拶の仕方があることに気付き，英語を用いて，たくさんの友達に挨拶をしていました。 ○映像を見て，英語も日本語と同様に，時間によって挨拶の言い方が違うことに気付いていました。 ○単元のまとめの活動では，自分の好きな色，スポーツ，食べ物などについて，知っている英語で伝えていました。
思考・判断・表現	○日本と外国の挨拶の共通点や相違点などをグループで交流し，発表していました。 ○友達と英語で挨拶を交わしたり，好きなものを伝え合ったりしていました。 ○友達と英語でやり取りした情報を表にまとめ，クラスメイトの好きな色やスポーツなどを発表していました。
主体的に学習に取り組む態度	○自分から進んで，友達と英語で挨拶を交わそうとしていました。 ○相手の目を見て，自分が話している内容が相手に伝わっていることを確認しながら，自分の考えを伝えようとしていました。 ○単元のまとめの活動において，相づちを打ちながら相手の話を聞くなど，交流を楽しんでいました。

⑵いくつかの観点をまとめた文例

観点	文例
知識・技能／思考・判断・表現	○世界にはさまざまな挨拶の仕方があることに気付き，友達とさまざまな言語で挨拶を交わしたり，自分の好きなものを英語で伝えたりしていました。
知識・技能／主体的に学習に取り組む態度	○世界にはいろいろな国や挨拶があること知り，共通点や相違点を意識しながら，単元のまとめの活動では，友達と積極的に英語を使いながら，楽しくコミュニケーションを図っていました。
思考・判断・表現／主体的に学習に取り組む態度	○相手の目を見て，自分が話している内容が相手に伝わっていることを確認しながら，自分の考えや好みなどを伝えようとしていました。

"Let's Try!2" Unit2　通知表の文例集

(1)観点ごとの文例

観点	文例
知識・技能	○天気，遊び，動作に関する語彙を理解し，聞き取ったり発音したりすることに慣れ親しんでいました。 ○天気を尋ねたり答えたりする言い方や遊びに誘う言い方を理解していました（知っていました）。 ○世界には多様な考え方があることに気付き，日本との違いについて意識しながら，英語を聞いていました。
思考・判断・表現	○天気に応じた遊びを考え，その遊びについて友達に伝えたり答えたりしていました。 ○世界の天気や子ども達の遊びなどの映像を見て，自分たちとの共通点や相違点などを発表していました。 ○世界の国々の遊びや自分の好きな遊びについて，クラスの友達と伝え合っていました。
主体的に学習に取り組む態度	○天気を尋ねたり，やってみたい遊びを伝えたりする活動に進んで取り組み，交流を楽しんでいました。 ○アイコンタクトや相づちをしながら，積極的にインタビュー活動に取り組んでいました。 ○相手に配慮しながら，積極的に友達を自分の好きな遊びに誘おうとしていました。

(2)いくつかの観点をまとめた文例

観点	文例
知識・技能／思考・判断・表現	○遊びに関する英語での表現を知り，友達に伝えたり答えたりしながら，天気に合った遊びを考えていました。
知識・技能／主体的に学習に取り組む態度	○世界にはさまざまな考えや遊びがあること知り，国による文化の違いを踏まえて，友達と積極的に英語を使いながら，楽しくコミュニケーションを図っていました。
思考・判断・表現／主体的に学習に取り組む態度	○天気に合った遊びを考え，相手に配慮しながら，友達を自分の好きな遊びに誘おうとしていました。

"Let's Try!2" Unit3　通知表の文例集

(1)観点ごとの文例

観点	文例
知識・技能	○世界の同年代の子ども達の生活の様子を知り，共通点や相違点に気付いていました。 ○曜日の言い方や曜日を尋ねたり答えたりする表現を知り，聞いたり言ったりしていました。 ○好きな曜日を尋ねたり答えたりする表現に慣れ親しんでいました。
思考・判断・表現	○相手の反応を見ながら，好きな曜日を聞き取ったり自分の好きな曜日を伝えたりしていました。 ○効果的なヒントの出し方を考えて，曜日クイズを出題したり，クイズに答えたりしていました。 ○相手に伝わるように工夫しながら，好きな曜日を伝えていました。
主体的に学習に取り組む態度	○進んで相手を見つけ，相手の反応を見ながら好きな曜日について伝えようとしていました。 ○インタビュー活動では友達との会話を楽しみ，好きな曜日を尋ねたり答えたりして伝え合おうとしていました。 ○相手に伝わるように曜日クイズを出題したり，自分の好きな曜日を伝えようとしたりしていました。

(2)いくつかの観点をまとめた文例

観点	文例
知識・技能／思考・判断・表現	○曜日の言い方や好きな曜日を尋ねたり答えたりする表現を知り，表現やヒントの順番を考えて曜日クイズを出題したり，友達に好きな曜日を伝えようと工夫したりしました。
知識・技能／主体的に学習に取り組む態度	○曜日の言い方や曜日を尋ねたり答えたりする表現に慣れ親しみ，進んで相手を見つけて好きな曜日を伝え合おうとしていました。
思考・判断・表現／主体的に学習に取り組む態度	○相手に伝わるように工夫しながら曜日クイズを出題したり，好きな曜日を伝え合おうとしたりしていました。

(1)観点ごとの文例

観点	文例
知識・技能	○世界の国や地域によって時刻が異なることに気付き，時刻の言い方に慣れ親しんでいました。 ○時刻や生活時間の言い方や尋ね方を知り，聞いたり言ったりすることに慣れ親しんでいました。 ○好きな時間について尋ねたり答えたりする表現を知り，慣れ親しんでいました。
思考・判断・表現	○相手の反応を見ながら，自分の好きな時刻とその理由について工夫して伝えていました。 ○相手の反応を見ながら，表現やスピードを調整し，自分の好きな時間を伝えていました。 ○うまく聞き取ったり伝えたりする方法を考えながら，相手の好きな時刻とその理由を伝え合っていました。
主体的に学習に取り組む態度	○進んで相手を見つけ，好きな時間を尋ねたり答えたりして伝え合おうとしていました。 ○友達や教師の日課や好きな時間を聞いたり，自分の日課を分かりやすく伝えようとしたりしていました。 ○相手のことを考えながら，日課や好きな時間を工夫して伝えようとしていました。

(2)いくつかの観点をまとめた文例

観点	文例
知識・技能／思考・判断・表現	○世界の国や地域によって時刻が異なることに気付き，好きな時間について，うまく聞き取ったり伝えたりする方法を考えながら伝え合っていました。
知識・技能／主体的に学習に取り組む態度	○時刻の言い方や生活時間を尋ねたり答えたりする表現に慣れ親しみ，進んで友達に関わって，好きな時間を伝え合おうとしていました。
思考・判断・表現／主体的に学習に取り組む態度	○インタビュー活動では工夫しながら友達と関わり，相手の反応を見ながら好きな時刻とその理由を伝えようとしていました。

"Let's Try!2" Unit5　通知表の文例集

(1)観点ごとの文例

観点	文例
知識・技能	○文房具などの言い方が，日本語と似ていたり異なっていたりすることに気付いていました。 ○持っているかどうかを尋ねたり答えたりしながら，英語特有の音声やリズムに慣れ親しんでいました。 ○誰かのために作った文房具セットについて，知っている表現を使って紹介していました。
思考・判断・表現	○文房具などについて持っているかどうかを，相手の反応を見ながら繰り返し言ったり聞き返したりしながら伝え合っていました。 ○買い物ごっこの活動を通して，持っているかどうかを尋ねたり答えたりして伝え合っていました。 ○作った文房具セットについて，表現やスピードを調整しながら相手に伝わるように発表していました。
主体的に学習に取り組む態度	○文房具などについて，友達と持っているかどうかを進んで伝え合おうとしていました。 ○相手に伝わるように工夫しながら，積極的に文房具などについて持っているかどうか尋ねたり答えたりしようとしていました。 ○文房具セットの発表では，クラス全体に伝わるように声の大きさや視線等を工夫しながら発表しようとしていました。

(2)いくつかの観点をまとめた文例

観点	文例
知識・技能／思考・判断・表現	○文房具の言い方を知り，持っているかどうかを尋ねたり答えたりして伝え合っていました。
知識・技能／主体的に学習に取り組む態度	○文房具などの言い方や持っているかどうかという表現を知り，進んで友達とコミュニケーションを図ろうとしていました。
思考・判断・表現／主体的に学習に取り組む態度	○相手に伝わるように工夫しながら，進んで持っているかどうかを尋ねたり答えたりして伝え合おうとしていました。

"Let's Try!2" Unit6　通知表の文例集

(1)観点ごとの文例

観点	文例
知識・技能	○身の回りには，アルファベットの活字体の文字で表されているものがたくさんあることに気付いていました。 ○アルファベット活字体の小文字の読み方を知り，聞いたり言ったりしていました。 ○アルファベット小文字の読み方の中には，英語特有の音があることに気付いていました。
思考・判断・表現	○アルファベット活字体の小文字を尋ねたり答えたりして伝え合っていました。 ○相手の様子を見ながら，活文体の小文字の言い方を変えたり速さを調整したりしていました。 ○相手に合わせて効果的なヒントの出し方を考えてクイズを出したり，答えたりしていました。
主体的に学習に取り組む態度	○相手に伝わるようにヒントや言い方を工夫しながら，アルファベットの文字を伝えようとしていました。 ○相手の様子を見ながらアルファベットの小文字の読み方について伝え合おうとしていました。 ○アルファベット小文字の読み方を聞いたり言ったりして，進んで伝え合おうとしていました。

(2)いくつかの観点をまとめた文例

観点	文例
知識・技能／思考・判断・表現	○アルファベットの小文字を知り，アルファベット活字体の小文字クイズを出したり答えたりしていました。
知識・技能／主体的に学習に取り組む態度	○アルファベット小文字を尋ねたり答えたりする表現に慣れ親しみ，進んで伝え合おうとしていました。
思考・判断・表現／主体的に学習に取り組む態度	○アルファベットクイズの活動では，相手の反応を見ながらヒントを言ったり答えたりして伝えようとしていました。

"Let's Try!2" Unit7　通知表の文例集

⑴観点ごとの文例

観点	文例
知識・技能	○野菜や果物などの言い方を知り，英語と日本語との音声の違いに気を付けながら発音していました。 ○欲しいものを尋ねたり，それに応答したりする表現を知り，ゲームを通して繰り返し発話していました。 ○欲しいものを尋ねたり，答えたりする表現に慣れ親しんでいました。
思考・判断・表現	○買い物のやり取りでは，相手に応じて質問の内容を考えたり，応答したりしていました。 ○オリジナルパフェの紹介では，相手に伝わりやすいような声の大きさを考えながら，カードを見せながら発表していました。 ○今までに習った表現を使いながら，グループで考えたオリジナルピザを友達に紹介していました。
主体的に学習に取り組む態度	○友達と積極的に関わりながら，楽しく買い物のやり取りをしようとしていました。 ○オリジナルメニューの紹介を興味をもって聞き，友達のよさを見つけようとしていました。 ○学習した表現を他の場面でも使えないかと考え，進んで発表していました。

⑵いくつかの観点をまとめた文例

観点	文例
知識・技能／思考・判断・表現	○欲しいものを尋ねたり，それに応答したりする表現を知り，相手に応じて質問の内容を変えて話していました。
知識・技能／主体的に学習に取り組む態度	○野菜や果物などの言い方を知り，相手に伝わりやすいような声の大きさを考えたり，カードを見せたりしながら，オリジナルメニューを紹介しようとしていました。
思考・判断・表現／主体的に学習に取り組む態度	○相手に欲しいものを尋ねたり，自分の欲しいものを答えたりして，積極的にコミュニケーションを図っていました。

"Let's Try!2" Unit8　通知表の文例集

(1)観点ごとの文例

観点	文例
知識・技能	○デジタル教材を視聴したり，写真資料を見たりして，外国の学校と日本の学校とを比べ，その共通点や相違点に気付いていました。 ○教室名の英語表現を知り，強弱や発音に気をつけて繰り返し言っていました。 ○ゲームやチャンツなどを通してお気に入りの場所の言い方や，道案内の表現に慣れ親しんでいました。
思考・判断・表現	○校内のお気に入りの場所やその理由について，写真を見せたりジェスチャーを交えたりしながら，自分の思いを話していました。 ○校内の地図を手掛かりに，自分のお気に入りの場所への道案内をしていました。 ○相手にお気に入りの場所を伝えるために，相手の反応や理解度を確認しながら道案内をしていました。
主体的に学習に取り組む態度	○英語で道案内をすることに興味をもち，校内の地図を見ながらクイズを考え，積極的に友達と関わっていました。 ○お気に入りの場所やその理由について，今まで学習した表現を思い出して説明しようとしていました。 ○自分のお気に入りの場所に案内するために，相手の反応に気を配りながら会話をしようとしていました。

(2)いくつかの観点をまとめた文例

観点	文例
知識・技能／思考・判断・表現	○教室の言い方や道案内の仕方に慣れ親しみ，お気に入りの場所へ道案内をしたり，その理由を考えて話したりしていました。
知識・技能／主体的に学習に取り組む態度	○英語での道案内の仕方を知り，積極的に英語を使ってお気に入りの場所を伝えようとしていました。
思考・判断・表現／主体的に学習に取り組む態度	○相手の反応を見ながら，表現を繰り返したり，ジェスチャーを用いたりして，自分のお気に入りの場所やその理由を分かりやすく伝えようとしていました。

"Let's Try!2" Unit9　通知表の文例集

(1)観点ごとの文例

観点	文例
知識・技能	○英語特有の音声やリズムを意識して，読み聞かせのための英文を練習していました。 ○登場人物の生活や日課の表現の言い方を知り，自分の生活に関する日課の言い方に慣れ親しんでいました。 ○友達の発表を聞いてうなずいたり，Me, too. Really?　Oh, nice. など，相手に反応を返す表現を知っていました。
思考・判断・表現	○絵本の読み聞かせを聞いて，だいたいの登場人物の生活や内容を捉えていました。 ○自分の生活と比べながら，友達の日課や読み聞かせの中で読まれる日課を聞いていました。 ○友達の発表内容を捉え，"Who am I?" クイズ（誰の日課でしょう？クイズ）に答えていました。
主体的に学習に取り組む態度	○友達の発表に相づちを打って聞くことで，みんなが発表しやすい温かな雰囲気をつくっていました。 ○みんなに届く声の大きさや英語特有の音声やリズム，ジェスチャーなどを意識しながら，聞き手の友達に伝わりやすいような工夫しようとしていました。 ○準備の段階からグループの友達と協力し，進んで全体の前で発表しようとしていました。

(2)いくつかの観点をまとめた文例

観点	文例
知識・技能／思考・判断・表現	○日課の表現に慣れ親しみ，絵本や友達のクイズに進んで答えたり，相づちを打ったりしていました。
知識・技能／主体的に学習に取り組む態度	○日課の表現に慣れ親しみ，友達の発表に相づちを打ったりすることで，グループで協力して全体発表していました。
思考・判断・表現／主体的に学習に取り組む態度	○絵本の内容や友達の発表に相づちを打って聞き，自分の生活と比べながら聞こうとしていました。

Chapter
4

実録で分かる！できる！
新3観点の外国語活動
評価事例18

1 第3学年 "Let's Try!1" を使った評価事例

事例1　Unit1　Hello!　あいさつをして友だちになろう

■目標

○世界にはさまざまな言語があることに気付くとともに，挨拶や名前の言い方に慣れ親しむ。

（知識・技能）

○名前を言って挨拶をし合う。 （思考・判断・表現）

○相手に伝わるように工夫しながら，名前を言って挨拶を交わそうとする。 （態度）

■計画（2時間）

	主題	主な活動	使用するフレーズ・単語
1 本時	いろいろな国の挨拶の言い方を知る。	○授業開始時の挨拶 ○歌（Hello Song）(Let's Sing ①：p.8) ○さまざまな国の挨拶 　　　(Let's Watch and Think：p.2) ○チャンツ（Let's Chant：p.3） ○ペアワーク 　・挨拶 ○発表 　・挨拶と名前 ○振り返り ○授業終了時の挨拶	Hello. Hi. I'm（Yui）. Goodbye. See you. friend（s）
2	ペアで挨拶をし，名前を言い合う。	○授業開始時の挨拶 ○歌（Hello Song）(Let's Sing ①：p.8) ○チャンツ（Let's Chant：p.3） ○復習（ペアワーク） 　・挨拶と名前 ○さまざまな国の挨拶 　　　(Let's Listen：p.4) ○カード交換①（Activity：p.5） ○モデル提示 ○カード交換② ○振り返り ○授業終了時の挨拶	Hello. Hi. I'm（Takahiro）. Goodbye. See you. friend（s）

■本時の主なねらい

　○人前で，挨拶をして名前を言おうとしている。 (態度)

■展開

学習活動	○教師の支援　※評価の観点〈評価方法〉
〔Warming up〕	○英語での挨拶を教え，まねをさせる。
1　はじめの挨拶をする。	○大きな声と笑顔で楽しい雰囲気をつくる。
2　歌を聞き，口ずさむ。♪ Hello Song ♪ 　　　　　　　（Let's Sing ①：p. 8）	○歌を聞かせ，まねをしながら歌わせてみる。
3　めあてを確認する。	○めあてを提示し，意欲を高めさせる。
えいごであいさつをしよう。	えいごであいさつをしよう。
〔Main activities〕	
4　世界のさまざまな国の挨拶を見る。 　　　　（Let's Watch and Think：p. 2）	○映像を見せる。 ○映像にあった国や挨拶を確認する。
5　チャンツをする。（Let's Chant：p. 3）	○元気よく言わせる。慣れてきたら，ペアで自
6　ペアワークをする。	分の名前に置き換えて言わせる。
A：Hello. I'm (Maiko).	○ペアになり，挨拶と名前を言わせる。
B：Hello, Maiko. I'm (Ken).	○恥ずかしがらずに相手の目を見て言わせる。
7　発表をする。	○1人ずつみんなの前に出て，大きな声で元気
Hello. I'm (Ken).	よく，リズミカルに挨拶と名前を言わせる。
○発表	名前は，クラスの状況により，名前のみ，名
・名前を言う場合には，姓，名の順で言	字のみ，名字と名前から選ぶ。
うことを知る。	○言うことが困難な子どもには支援をしたり，
・言うことが難しい友達には，一緒に言	友達と一緒に言わせたりする。
ってあげる。	○飽きさせないために，次の番の子どもは，発
・次の発表に当たっている子どもは，発	表者の近くに待機させておく。
表者の近くで待っている。	○聞く側に評価シートを配ってもよい。
・元気よく，クラスの友達に届くような	※人前で恥ずかしがらずに挨拶をして，自分の
声で言う。	名前を言おうとしている。（態度）〈パフォー
・クラス全体を見ながら発表する。	マンス評価（発表）〉
〔Looking back〕	
8　本時の学習を振り返る。	○振り返りシートを使って，楽しく英語を話し
○振り返りシートを書き，発表する。	たり聞いたりしたかを振り返らせる。
・数人が発表する。	○残り時間を考慮し，数人に当てる。
9　終わりの挨拶をする。	○大きな声で挨拶させる。

■本時の活動と評価のポイント

　本時は，3年生になって初めて学ぶ「外国語活動」の時間である。すでに，低学年で英語に触れてきた子どもにとっては新鮮味がないかもしれないが，新たに "Let's Try! 1" が手渡されて，どこか勉強のニオイを感じ取る子どももいることと思われる。そこで，このような子ども達には気持ちを新たにリセットさせ，英語を楽しく学ばせ，評価も同時にしていくことを伝えておく。また，この積み重ねによって，英語を聞いたり話したりできる人になることも伝えておきたい。本時はその第1回目の授業である。ここでは，パフォーマンス活動としての発表を評価しているが，学校によりさまざまな状況が考えられることから，各活動の観察のポイントも示していく。

〔Warming up〕

1　はじめの挨拶をする。

2　歌を聞き，口ずさむ。　♪ Hello Song ♪（Let's Sing ①：p.8 ）

■観察のポイント■
CD や電子黒板の音声や画面に合わせながら，大きな声で楽しく歌っているか。

3　めあてを確認する。　　えいごであいさつをしよう。

〔Main activities〕

4　世界のさまざまな国の挨拶を見る。（Let's Watch and Think：p.2 ）

■観察のポイント■
積極的に映像を見ながら，それぞれの国の挨拶の言い方を知ろうとしているか。

5　チャンツをする。（Let's Chant：p.3 ）

■観察のポイント■
CD や電子黒板の音声や画面に合わせながら，大きな声で楽しく言っているか。

6　ペアワークをする。

　A：　Hello. I'm（Maiko）.

　B：　Hello, Maiko. I'm（Ken）.

■観察のポイント■
　ペアになって，相手の話をしっかり聞き取ろうとしているか，相手の目を見ながら，しっかりと伝えようとしているかを観察する。ペアは隣同士だけではなく，列の前後や，状況によってはクラス全体で行うことも可能である。この場合も，教師は子ども達の会話に耳を傾け，状況を観察することである。

7　発表をする。（パフォーマンス活動）

　Hello. I'm（Ken）.

　○発表をする前に

・発表では名前をどのように言わせるかを決める。名前だけなのか，名字だけなのか，名字と名前の両方なのかを決めて練習させる。
・言うことが難しい友達には，一緒に言ってあげるように指示する。
・次の発表に当たっている子どもは，発表者の近くで待機させる。
・元気よく，クラスの友達に届くような声で言うように伝える。
・クラス全体を見ながら発表するように伝える。
・聞く側を漫然と聞かせないために，一人一人に評価シートを配布し記入させる。その際には，名前を書かせて，評価を○△で記入させる。
　評価のポイントは，子どもの状況によって決める。

評価シート例

名前	評価のポイント		
	笑顔	ジェスチャー	大きな声
A	○　　△	○　　△	○　　△
B	○　　△	○　　△	○　　△
C	○　　△	○　　△	○　　△
D	○　　△	○　　△	○　　△

評価のポイント【評価の観点：主体的に学習に取り組む態度】（話すこと［発表］）

　みんなの前で，大きな声でジェスチャーも交えながら挨拶をして名前を言おうとしている。
　本時の評価の観点は「主体的に学習に取り組む態度」であることから，英語の発音や流暢さなどは第二義的なものとして取り扱う。しかも，外国語活動の授業を初めて受ける子ども達であることから，スキル（技能）面を重視することには無理がある。そこで，発表を行う際のポイント（はっきりした声で，クラス全体を見ながら，みんなに聞こえる声で，しかも挨拶もあることから笑顔で）を意識しながら，発表を行っているかどうかである。もちろん，状況によっては，Hello. I'm (Maiko). 等の挨拶と名前が正しく言えているかどうかを観察して，評価補助簿に記入することもできる。

〔**Looking back**〕

8　本時の学習を振り返る。

・振り返りシートを書き，発表する。

■観察のポイント■
　授業の内容や発表について，自分の頑張った点や友達のよいところを素直に認め合っているか。

9　終わりの挨拶をする。

事例2　Unit2　How are you?　ごきげんいかが？

■目標

○表情やジェスチャーの大切さに気付き，感情や状態を尋ねたり答えたりする表現に慣れ親しむ。 （知識・技能）

○表情やジェスチャーを工夫しながら挨拶をし合う。 （思考・判断・表現）

○表情やジェスチャーを付けて相手に伝わるように工夫しながら，挨拶をしようとする。

（態度）

■計画（2時間）

	主題	主な活動	使用するフレーズ・単語
1	表情やジェスチャーの大切さをに気付く。	○授業開始時の挨拶 ○歌（Hello Song）（Let's Sing ①：p.8） ○言っていること予想 　（Let's Watch and Think ①：pp.6−7） ○線むすび聞き取り（Let's Listen：p.8） 　・ジェスチャー・表現の練習 ○グループでジェスチャークイズ 　・3人（4人）一組のグループでジェスチャークイズを出し合う。 ○振り返り ○歌（Goodbye Song） 　　　　　　　　（Let's Sing ②：p.8） ○授業終了時の挨拶	How are you? I'm（happy）. fine, good, sleepy, hungry, tired, sad, great
2 本時	表情やジェスチャーを工夫して，感情や状態を伝え合う。	○授業開始時の挨拶 ○歌（Hello Song）（Let's Sing ①：p.8） ○ジェスチャークイズ ○ジェスチャー当てクイズ 　　（Let's Watch and Think ②：p.9） ○ジェスチャーゲーム ○モデル提示 ○インタビューゲーム（Activity：p.9） 　・一番多くインタビューした子どもを褒める。 ○振り返り ○歌（Goodbye Song） 　　　　　　　　（Let's Sing ②：p.8） ○授業終了時の挨拶	How are you? I'm（happy）. me, fine, good, sleepy, hungry, tired, sad, great

■**本時の主なねらい**

○表情を工夫したりジェスチャーを交えたりしながら，友達に感情や状態を伝えようとして
いる。　　　　　　　　　　　　　　　　　　　　　　　　　　　　　　　　　　　（態度）

■**展開**

学習活動	○教師の支援　※評価の観点〈評価方法〉
〔**Warming up**〕	
1　はじめの挨拶をする。	○楽しい雰囲気で挨拶をする。
2　歌を歌う。♪ Hello Song ♪ 　　　　　　　（Let's Sing ①：p. 8）	○言葉を入れ替えて何度か歌わせる。
3　めあてを確認する。 　ジェスチャーで気もちをつたえよう。	○めあてを提示し，意欲を高めさせる。 　ジェスチャーで気もちをつたえよう。
〔**Main activities**〕	
4　ジェスチャークイズをする。	○I'm sad. や I'm hungry. を使い，ペアでジェスチャークイズをさせる。
5　ジェスチャー当てクイズをする。 　　（Let's Watch and Think ②：p. 9）	○どんなジェスチャーなのか予想させる。 ○映像を見せ，ジェスチャーの確認をする。
6　ジェスチャーゲームをする。	○クラスみんなでジェスチャーをさせる。
7　インタビューゲームをする。 　　　　　　　　　（Activity：p. 9） 　A：Hello, (Yuma). 　B：Hello, (Mai). How are you? 　A：I'm (happy). 　B：OK. Thank you. Good bye. 　A：Thank you. Good bye.	○モデルを示す。 ○アイコンタクトを意識させ，表情やジェスチャーをつけるなど工夫させる。 ○テキスト p. 9 の表へインタビューした友達の名前を書かせる。 ○一番多くインタビューできた子どもを今日のMVP とする。
	※相手の方を見て表情を工夫したりジェスチャーをつけたりしながら，自分の気持ちを伝えようとしている。（態度）〈パフォーマンス評価（やり取り）〉
〔**Looking back**〕	
8　本時の学習を振り返る。 　○振り返りシートを書き，発表する。	○振り返りシートを使って，自分が話した英語表現について振り返らせる。 ○数人に発表させる。
9　歌を歌う。♪ Goodbye Song ♪	○元気よく歌を歌わせる。
10　終わりの挨拶をする。	○大きな声で挨拶させる。

■本時の活動と評価のポイント

　本単元では，表情やジェスチャーがコミュニケーションにとって大切な要素の一つであることを体験的に学ばせる。積極的にジェスチャーを使い，表情豊かに感情や状態を伝えようとする態度を重視しているが，学級の実態によっては恥ずかしがる子どももいることが考えられる。教師が積極的に英語やジェスチャーを使う姿を示し，子どもの抵抗感を減らすようにしたい。

　言葉はそれだけが独立して使われるものではなく，その時の場面（シチュエーション）や会話の流れとその表現がぴったり合ってこそ，自然なコミュニケーションが成立する。本時では，教師が簡単な場面設定を行ったり，子ども同士のやり取りの中でお礼やさよならの挨拶を言う場を設けたりしている。実際のコミュニケーションの場を想定し，英語やジェスチャーを使って友達に自分の気持ちが伝わったと実感させることで，子どもが「楽しい」「もっとやってみたい」と感じるようにしたい。また，挨拶や自分の気持ちを表す表現は授業の導入時に毎時間使わせたいものである。そのためにも，本単元の活動で，十分に慣れ親しませておきたい。

〔**Warming up**〕

1　はじめの挨拶をする。

2　歌を歌う。　♪ Hello Song ♪（Let's Sing ①：p.8）

■観察のポイント■

　大きな声で楽しく歌ったり，I'm fine. のところで表現を入れ替えて歌ったりしているか。

3　めあてを確認する。　　ジェスチャーで気もちをつたえよう。

〔**Main activities**〕

4　ジェスチャークイズをする。（ペアになって相手のジェスチャーを当てる）

　○活動の前に

　・絵カード等を使って，クラス全体で前時の表現やジェスチャーを確認する。

　・前時と違うペアにする。

■観察のポイント■

　相手の方をしっかり見て表情やジェスチャーを工夫しながらやり取りしているか。

5　ジェスチャー当てクイズをする。（Let's Watch and Think ②：p.9）

　○活動の前に

　・映像を見る前に，それぞれのジェスチャーが何を表しているのか予想させる。

　・テキストの絵を見せるだけでなく，教師が実際にやって見せるとよい。

6　ジェスチャーゲームをする。

　○活動のポイント

　・教師がジェスチャーをし，クラスみんなで何のジェスチャーをしているか考える。

　・簡単な場面設定を行うことで，子ども達はシチュエーションと表現を合わせて学ぶことが

できる。

（例）　教師は I'm happy! と言ってジェスチャーをしながら100点のテストを見せる。子ども
が Good! や Give me five! などと言ったら，みんなでジェスチャーをする。

■観察のポイント■

　教師や友達の英語をしっかり聞いて，表情豊かに発話したり，積極的にジェスチャーしよ
うとしたりしているか。

7　インタビューゲームをする。（Activity：p.9）

A：Hello, (Yuma).

B：Hello, (Mai). How are you?

A：I'm (happy).

B：OK. Thank you. Good bye.

A：Thank you. Good bye.

○活動の前に

・教師とボランティアの子どもで数回モデルを示す。

・元気よく挨拶をし，お礼やさよならを言わせるようにする。

・相手の方を見たり，表情やジェスチャーを工夫したりするように伝える。

・一番多くインタビューできた子どもが今日の MVP と伝える。ただし，単に名前をたくさ
ん書けばよいことにはせず，丁寧にやり取りすることを押さえる。

評価のポイント【評価の観点：主体的に学習に取り組む態度】（話すこと［やり取り］）

　相手の方をしっかりと見て，表情を工夫したりジェスチャーをつけたりしながら，自分の
気持ちを伝えようとしている。

　本時の評価の観点は「主体的に学習に取り組む態度」である。教師は，子どもが相手の方
を見て，相手に聞こえる声で話しているか，笑顔や悲しい顔，疲れた顔など，表情を工夫し
ているか，ジェスチャーを交えて話しているかなどを見取る。また，どのような点を評価す
るのかについては，活動前に子どもに伝えておく。

〔Looking back〕

8　本時の学習を振り返る。

・振り返りシートを書き，発表する。

■書かせる時のポイント■

　ニコニコマークなどのイラストに○をつけさせて，英語でコミュニケーションできたこと
に対して自信をもたせるようにする。

9　歌を歌う。♪ Goodbye Song ♪（Let's Sing ②：p.8）

10　終わりの挨拶をする。

事例3　Unit3　How many?　数えてあそぼう

■目標

○日本と外国の数の数え方の違いから，多様な考え方があることに気付き，1から20までの
数の言い方や数の尋ね方に慣れ親しむ。　　　　　　　　　　　　　　　　　　（知識・技能）

○数について尋ねたり答えたりして伝え合う。　　　　　　　　　　　　　　（思考・判断・表現）

○相手に伝わるように工夫しながら，数を尋ねたり答えたりしようとする。　　　　　　（態度）

■計画（4時間）

	主題	主な活動	使用するフレーズ・単語
1	1〜10の数の言い方に慣れ親しむ。	○授業開始時の挨拶 ○数と物の言い方 ○じゃんけんゲーム 　　　　　（Let's Play ②：p.12） ○ミッシング・ゲーム（1〜10） ○歌（Ten Steps）（Let's Sing：p.10） ○振り返り ○授業終了時の挨拶	数（1〜10） counter, ball, pencil, eraser, ruler, crayon, apple, strawberry, tomato, circle, triangle, cross
2	日本と外国の数の数え方の違いから，多様な考え方があることに気付いたり，1〜20の数の言い方に慣れ親しんだりする。	○授業開始時の挨拶 ○歌（Ten Steps）（Let's Sing：p.10） ○数の言い方 　　　（Let's Watch and Think：p.12） ○おはじきゲーム（Let's Play ①：p.11） ○いくつあるでしょうクイズ 　・教師が持つ物や数を当てる。 ○振り返り ○授業終了時の挨拶	数（1〜20）
3 本時	数を尋ねる表現に慣れ親しみ，数を尋ねたり答えたりして伝え合う。	○授業開始時の挨拶 ○チャンツ（Let's Chant：p.13） ○じゃんけんゲーム 　　　　　（Let's Play ②：p.12） ○ How many apples? クイズ 　　　　　（Let's Play ③：p.13） ○仲間集めゲーム（Activity ①：p.13） ○振り返り ○授業終了時の挨拶	数（1〜20） How many apples? (Eight) apples.
4	相手に伝わるように工夫しながら，数を尋ねたり答えたりしようとする。	○授業開始時の挨拶 ○チャンツ（Let's Chant：p.13） ○漢字紹介クイズ（Activity ②：p.13） ○振り返り ○授業終了時の挨拶	数（1〜20） How many lines? (Eight) lines.

■本時の主なねらい

○数を尋ねる表現に慣れ親しみ，数を尋ねたり答えたりして伝え合う。　（思考・判断・表現）

■展開

学習活動	○教師の支援　※評価の観点〈評価方法〉
〔Warming up〕	○英語ではじめの挨拶をする。
1　はじめの挨拶をする。	○大きな声と笑顔で楽しい雰囲気をつくる。
2　めあてを確認する。	○めあてを提示し，意欲を高めさせる。
友達のりんごはいくつかな？	友達のりんごはいくつかな？
〔Main activities〕	
3　チャンツをする。（Let's Chant：p.13）	○大きな声で元気に歌えるようにする。
4　教師とじゃんけんをする。 　　　　　　　　（Let's Play ②：p.12）	○教師とじゃんけんし，勝ったら○，あいこなら△，負けたら×をテキストに記入する。
5　How many apples? クイズ 　　　　　　　　（Let's Play ③：p.13）	○数をたくさん言えるように複数回繰り返し行う。
6　好きな数だけりんごに色を塗る。 　　　　　　　　（Activity ①：p.13）	○自分の好きな数だけりんごに色を塗る。
7　仲間集めゲームをする。 　　　　　　　　（Activity ①：p.13）	○教室内を自由に歩き，出会った友達とやり取りする。
A B：Hello.	○言うことが困難な子どもには支援をしたり，
A：How many apples?	友達に表現や言い方を尋ねたりしてもよいこ
B：（Eight）apples.	とを知らせる。
How many apples?	○インタビューシートを用いて尋ねた友達の数
A：（Eight）apples.	を把握できるようにする。
A B：Thank you. Good bye.	※数を尋ねたり答えたりして伝え合っている。
8　結果の交流	（思考・判断・表現）〈パフォーマンス評価
・リンゴを塗った数が同じだった友達を発表する。発表の時には，同じ数だった友達の名前を言う。	（やり取り）〉
〔Looking back〕	
9　本時の学習を振り返る。	○振り返りシートを使って，楽しく英語を話し
○振り返りシートを書き，発表する。	たり聞いたりしたかを振り返らせる。
・数人が発表する。	○残り時間を考慮し，数人に当てる。
10　終わりの挨拶をする。	○大きな声で挨拶させる。

■**本時の活動と評価のポイント**

　本時は，子どもにとって身近な数を尋ねたり答えたりする表現を活用して，コミュニケーションを図る対話的なパフォーマンス活動を行う。この活動までに，数や果物などの身近な語と出会わせ，十分に英語の音声に慣れ親しませる必要がある。何度も聞いたり，言ったりして慣れ親しんでいる表現であるからこそ，子どもは自信をもって友達と尋ね合い，伝え合うことができるのである。そうすることによって，コミュニケーションを図る楽しさを体験し，もっと相手に伝えたい，分かりやすく伝えるためにはどうすればよいのかなどと思考させ，意欲的に取り組む姿勢につなげていきたいものである。

〔**Warming up**〕

1　はじめの挨拶をする。

2　めあてを確認する。

　　| 友達のりんごはいくつかな？ |

〔**Main activities**〕

3　数の尋ね方のチャンツをする。（Let's Chant：p.13）

■観察のポイント■

　電子黒板の音声や画面に合わせながら，大きな声で楽しく言っているか。

4　教師とじゃんけんをする。（Let's Play ②：p.12）

■観察のポイント■

　勝った（負け・あいこ）回数を英語で言えているか。

5　How many apples? クイズをする。（Let's Play ③：p.13）

■観察のポイント■

　画面に映ったりんごの数を積極的に言えているか。

6　好きな数だけりんごに色を塗る。（Activity ①：p.13）

7　仲間集めゲームをする。（Activity ①：p.13）

　Ａ Ｂ：Hello.

　　Ａ：How many apples?

　　Ｂ：(Eight) apples. How many apples?

　　Ａ：(Eight) apples.

　Ａ Ｂ：Thank you. Good bye.

　○活動を行う前に

　　・外国語活動で学んだ数字の言い方を再度確認してもよい。

　　・仲間集めゲームで使用する表現をデモンストレーションを見せることや全体での練習を通して，自信をもって使えるようにしておく。

・言い方が分からない子どもは，友達や教師に表現や言い方を尋ねてもよいことを伝える。

・やり取りをしている友達を見ながら話すように伝える。

・相手の話を聞き取れなかった時は，もう一度言ってもらうように話すことを伝える。その場 Once more, please などの表現を教える。

・大勢の子どもとインタビュー活動をするため，尋ねたことを忘れないように記入できるワークシートを配付し記入させる。

ワークシート例

友達の名前	りんごの個数	同じ時にチェック
（例）まい	5	✓

評価のポイント【評価の観点：思考・判断・表現】（話すこと［やり取り］）

　ペアになった友達に，数を尋ねる表現を使って，りんごの数を尋ねたり答えたりして伝え合っている。

　本時の評価の観点は「思考・判断・表現」であることから，目的や状況等に応じて互いの考えを伝え合うことを評価する。パターン化させて，早く話そうとする子や，人数を多く尋ねようと，丁寧さに欠ける子どもに対しては，活動を止めて，モデルとなる子どもの会話を紹介してもよい。また，りんごを指さしながら確認している子どもも紹介しておきたいものである。なお，英語の発音や流暢さなどは第二義的なものとして取り扱う。言い方がたどたどしかったとしても，相手が分かるように自分の数を伝えているか，相手に数を尋ねているかどうかを見取りたい。もちろん，クラスの状況によっては，How many apples? (Eight) apples. 等の表現を正しく言えているかどうかを観察して，評価補助簿に記入することもできる。

8　結果を交流する。

　一番多く塗った子どもや，一番少ない子どもを確認する。

〔Looking back〕

9　本時の学習を振り返る。

・振り返りシートを書き，発表する。

■観察のポイント■

　授業の内容ややり取りしたことについて，自分の頑張った点や友達のよいところを素直に認め合っているか。

10　終わりの挨拶をする。

事例4　Unit4　I like blue.　すきなものをつたえよう

■目標

○多様な考え方があることや，音声やリズムについて外来語を通して日本語と英語の違いに気付き，色の言い方や，好みを表したり好きかどうかを尋ねたり答えたりする表現に慣れ親しむ。　　　　　　　　　　　　　　　　　　　　　　　　　　　　　（知識・技能）

○自分の好みを伝え合う。　　　　　　　　　　　　　　　　　　　　（思考・判断・表現）

○相手に伝わるように工夫しながら，自分の好みを紹介しようとする。　　　　（態度）

■計画（4時間）

	主題	主な活動	使用するフレーズ・単語
1	多様な考え方があることに気付くとともに，色の言い方に慣れ親しみ，好きなものを表す表現を知る。	○授業開始時の挨拶 ○自分の虹作り（Activity ①：pp.14-15） ○虹の違い 　（Let's Watch and Think ①：p.14） ○歌（The Rainbow Song） 　　　（Let's Sing：p.15） ○振り返り ○授業終了時の挨拶	色（red, blue, green, yellow, pink, black, white, orange, purple, brown）
2	外来語を通して英語の音声やリズムなど日本語との違いに気付くとともに，好みを表す表現に慣れ親しむ。	○授業開始時の挨拶 ○歌（The Rainbow Song） 　　　（Let's Sing：p.15） ○線むすび聞き取り 　　　（Let's Listen ①：p.16） ○好きなスポーツ聞き取り 　　　（Let's Listen ②：p.16） ○チャンツ（Let's Chant：p.15） ○ペアワーク 　・好きな色を尋ねる。 ○振り返り ○授業終了時の挨拶	色（red, blue, green, yellow, pink, black, white, orange, purple, brown） スポーツ（soccer, tennis, baseball, basketball, dodgeball, swimming） Do you like（blue）? Yes, I do./No, I don't. I like（blue）. I don't like（blue）.
3	好きかどうかを尋ねたり答えたりする表現に慣れ親しみ，自分の好みを伝え合う。	○授業開始時の挨拶 ○チャンツ（Let's Chant：p.15） ○好きなもの聞き取り 　　　（Let's Listen ③：p.16） ○好ききらい予想 　（Let's Watch and Think ②：p.17） ○インタビューゲーム（Let's Play：p.17） ○振り返り ○授業終了時の挨拶	Do you like（blue）? Yes, I do./ No, I don't. I（don't）like（blue）.
4 本時	相手に伝わるように工夫しながら自分の好みを紹介しようとする。	○授業開始時の挨拶 ○チャンツ（Let's Chant：p.15） ○ショー・アンド・テル（Activity ②：p.17） ○振り返り ○授業終了時の挨拶	I like（blue）.

■**本時の主なねらい**

○相手に伝わるように工夫しながら自分の好みを紹介しようとする。　　　　　　　（態度）

■**展開**

学習活動	○教師の支援　※評価の観点〈評価方法〉
〔**Warming up**〕	○英語ではじめの挨拶をする。
1　はじめの挨拶をする。	○大きな声と笑顔で楽しい雰囲気をつくる。
2　めあてを確認する。	○めあてを提示し，意欲を高めさせる。
すきなものをしょうかいしよう。	すきなものをしょうかいしよう。
〔**Main activities**〕	
3　チャンツをする。(Let's Chant：p.15)	○大きな声で元気に言えるようにする。
4　自己紹介の準備をする。	○好きなものなどの絵を描いて自己紹介シート
（Activity ②：p.17)	を作成する。
	○他の授業（図工，総合的な学習の時間等）も
	活用して準備させることも考えられる。
	○準備した紙を見ないように練習させる。
5　発表をする。	○恥ずかしがらずに相手の目を見て言わせる。
・言うことが難しい友達には，一緒に言ってあげる。	○1人ずつみんなの前に出て，大きな声で元気よく，リズミカルに自己紹介させる。
・次の発表に当たっている子どもは，発表者の近くで待っている。	○言うことが困難な子どもには支援をしたり，友達と一緒に言わせたりする。
・元気よく，クラスの友達に届くような声で言う。	○飽きさせないために，次の番の子どもは，発表者の近くに待機させておく。
・クラス全体を見ながら発表する。	○聞く側に評価シートを配ってもよい。それには，聞いて分かったことが書けるような項目も設ける。
	※相手に伝わるように工夫しながら，積極的に自分の好みを紹介しようとしている。（態度）〈パフォーマンス評価（発表）〉
〔**Looking back**〕	
6　本時の学習を振り返る。	○振り返りシートを使って，楽しく英語を話したり聞いたりしたかを振り返らせる。
○振り返りシートを書き，発表する。	○残り時間を考慮し，数人に当てる。
・数人が発表する。	
7　終わりの挨拶をする。	○大きな声で挨拶させる。

■本時の活動と評価のポイント

　本時は，好きなものを言って自己紹介をするパフォーマンス活動を行う。好きなものを発表する活動は，どの学年でも学級の友達のことを知り合うために学年の初めの発表にもよく取り入れられている。そのため，子どもにとって好きなものを発表する活動は身近で関心の高い題材である。そうした好みを交えて自己紹介を行うことで，友達の新たな一面を発見するなど，相互理解が一層深まることも期待して取り組みたい。

　評価に関しても，外国語活動のスタート時点から引き続き行ってきた自己紹介であることから，より質の高いものを求めてもよい。

〔Warming up〕

1　はじめの挨拶をする。

2　めあてを確認する。

| すきなものをしょうかいしよう。 |

〔Main activities〕

3　好きなもののチャンツをする。（Let's Chant：p.15）

■観察のポイント■

　電子黒板の音声や画面に合わせながら，大きな声で楽しく歌っているか。

4　自己紹介の準備をする。（Activity ②：p.17）

　　・ワークシートに絵を描いたり，貼らせたりする。

5　発表をする。（パフォーマンス活動）

Hello. I'm（Ken）.

I like（blue）. I like（soccer）.等

Thank you.

○発表をする前に

　・発表自信をもって取り組めるように，練習させてから行う。

　・言うことが難しい友達には，一緒に言ってもかまわないことを指示する。そのためのサポート体制を組んでおく。

　・教師が発表の前にモデルを示すとよい。

　・次の発表に当たっている子どもは，発表者の近くで待機させる。

　・元気よく，クラスの友達に届くような声で言うように伝える。

　・クラス全体を見ながら発表するように伝える。

　・発表する順番を工夫すること。学力が特に高い子ども，教師の支援が必要な子どもは一番目は避けること。

　・一番目に発表させる子どもは，他の子どものモデルになりそうな子を指名すると発表自

体が締まる。

・聞く側が漫然と聞かせないために，一人一人に評価シートを配布し記入させる。その際，聞いた内容を書かせてもよい。

評価シート例

◎ Very good（たいへんよい）　　○ Good（よい）　　△ Good luck（がんばって）

NO.	Name	内容（分かったこと）	声の大きさ	視線	表情
1	A				
2	B				
3	C				

評価のポイント【評価の観点：主体的に学習に取り組む態度】（話すこと［発表］）

　相手に伝わるように，大きな声でアイコンタクトを意識したりジェスチャーを交えたりしながら好きなものを言って自己紹介しようとしている。

　本時の評価の観点は「主体的に学習に取り組む態度」であることから，英語の発音や流暢さなどは第二義的なものとして取り扱う。発表を行う際のポイント（はじめと終わりの挨拶や，みんなに聞こえる声でクラス全体を見ながら，笑顔で，ジェスチャーを交えながら発表する）を意識しながら，発表を行おうとしているかどうかを見取る必要がある。また，自己紹介を聞いている際にも相づちを打つなどして話を聞こうとしているかを見取ることも考えられる。つまり，評価は発表する側だけではなく，聞く側も評価されることを伝え，緊張感のある発表としたい。

　また，子どもの状況によっては，I like（blue）.等の好きなものを言う表現が正しく言えているかどうかを観察して，評価補助簿に記入することもできる。常に教師は子どもの育ちを確認しながら，評価規準を質的に向上させたり，活動においても徐々に負荷をかけ，より一層の能力の向上を図りたい。

　発表はビデオ等で録画しておき，次の授業で見せ，コメントしながら発表の質の向上を図りたい。

〔**Looking back**〕

6　本時の学習を振り返る。

・振り返りシートを書き，発表する。

・教師は子ども達の発表についてコメントを入れる。

■**観察のポイント**■

　授業の内容や発表について，自分の頑張った点や友達のよいところを素直に認め合っているか。

7　終わりの挨拶をする。

事例５　Unit5　What do you like?　何がすき？

■目標

○日本語と英語の音声の違いに気付き，身の回りのものの言い方や，何が好きかを尋ねたり答えたりする表現に慣れ親しむ。　**(知識・技能)**

○何が好きかを尋ねたり答えたりして伝え合う。　**(思考・判断・表現)**

○相手に伝わるように工夫しながら，何が好きかを尋ねたり答えたりしようとする。　**(態度)**

■計画（４時間）

	主題	主な活動	使用するフレーズ・単語
1	食べ物やスポーツの言い方を知る。	○授業開始時の挨拶 ○ティーチャーズトーク ○ジェスチャーゲーム ○キーワードゲーム（ペアワーク） ○チャンツ（Let's Chant：p.19） ○振り返り ○授業終了時の挨拶	What do you like? I like（cake）. 飲食物（pizza, cake 等） 果物（grapes, peach 等） スポーツ（volleyball, table tennis 等）
2	何が好きかを尋ねたり答えたりする表現を知る。	○授業開始時の挨拶 ○チャンツ（Let's Chant：p.19） ○復習（ペアワーク） 　・おはじきゲーム 　　　　　（Let's Play ①：pp.18-19） ○登場人物の好きなもの聞き取り 　　　　　（Let's Listen：p.20） ○登場人物の好きなもの 　　　（Let's Watch & Think：p.21） ○授業終了時の挨拶	What（sport）do you like? I like（soccer）. 飲食物（pizza, cake 等） 果物（grapes, peach 等） スポーツ（volleyball, table tennis 等）
3 本時	相手の好きなものを予想しながら，何が好きかを尋ねたり答えたりする。	○授業開始時の挨拶 ○チャンツ（Let's Chant：p.19） ○復習（ペアワーク） 　・ポインティング・ゲーム 　　　（pp.18-19のイラスト使用） ○モデル提示 ○インタビューゲーム（Activity ①：p.20） ○振り返り ○授業終了時の挨拶	What（sport）do you like? I like（soccer）. 飲食物（pizza, cake等） 果物（grapes, peach 等） スポーツ（volleyball, table tennis 等） 色（red, blue 等）
4	Who am I ？クイズに取り組むため，積極的に何が好きかを尋ねたり答えたりする。	○授業開始時の挨拶 ○チャンツ（Let's Chant：p.19） ○インタビューゲーム（Activity ②：p.21） ○ Who am I ？クイズ ○振り返り ○授業終了時の挨拶	What（sport）do you like? I like（soccer）. 飲食物（pizza, cake 等） 果物（grapes, peach 等） スポーツ（volleyball, table tennis 等）

■本時の主なねらい

○相手の好きなものを予想しながら，何が好きかを尋ねたり答えたりしている。

（思考・判断・表現）

■展開

学習活動	○教師の支援　※評価の観点〈評価方法〉
〔**Warming up**〕 1　はじめの挨拶をする。 2　チャンツをする。（Let's Chant：p.19） 3　復習をする。（pp.18–19） 　子ども：What fruit do you like? 　教　師：I like grapes. 　○ポインティング・ゲーム（ペアワーク） 　・pp.18–19のテキストをペアの間に置く。 　・教師が food, fruit, sport から１つ選び，それに合わせて子ども達が What〜do you like? と尋ねる。 　・教師が発話した I like〜. の絵を指さす。 4　めあてを確認する。 　┌──────────────────┐ 　│ えいごですきなものをインタビューしよう。│ 　└──────────────────┘ 〔**Main activities**〕 5　教師のモデルを見る。 6　インタビューをする。 　A：Hello. What fruit do you like? 　B：I like grapes. 　A：What color do you like? 　B：I like blue. 　A：What sport do you like? 　B：I like swimming. 　A：Thank you. 　○インタビューゲーム 　・相手の好きなものを予想しながらインタビューをする。 　・自分の好きなものが相手に伝わるように，声の大きさや表情を意識しながら答える。 〔**Looking back**〕 7　本時の学習を振り返る。 　○振り返りシートを書き，発表する。 　・数人が発表する。 8　終わりの挨拶をする。	○大きな声と笑顔で楽しい雰囲気をつくる。 ○リズムに合わせて表現を復習・練習させる。 ○チャンツで練習した What〜do you like? I like〜. の表現を使った活動に取り組ませ，次のインタビューゲームがスムーズに行えるようにする。 ○最初は教師が What fruit do you like? と言ったのを子どもに真似をして言わせ，慣れてきたら子どもだけで問いかけるようにさせる。 ○めあてを提示し，意欲を高めさせる。 　┌──────────────────┐ 　│ えいごですきなものをインタビューしよう。│ 　└──────────────────┘ ○モデルを見せる。ALT がいれば，一緒にモデルを見せる。 ○子どもからボランティアを募り，複数回モデルを見せ，より具体的に活動のイメージをもたせてもよい。 ○p.20の表を使って活動させる。子どもの実態に合わせて，自作のワークシートを使ってもよい。 ○最初は隣の席のペアで練習をし，その後友達の所へ各自インタビューに行かせる。 ○言うことが困難な子どもには支援をしたり，友達と一緒に言わせたりする。 ○相手に伝わるよう工夫している子どもがいたら，途中で全体に紹介してもよい。 ※相手の好きなものを予想しながら，何が好きかを尋ねたり答えたりしている。（思考・判断・表現）〈パフォーマンス評価（やり取り）〉 ○振り返りシートを使って，好きなものを尋ねたり答えたり友達と楽しく交流したかを振り返らせる。 ○残り時間を考慮し，数人に当てる。 ○大きな声で挨拶させる。

■本時の活動と評価のポイント

前単元 Unit 4 "I like blue." では，Do you like〜？ という表現を使って，友達と好きなものについて尋ね合う活動を行った。その内容をもとに本単元では，ある種類（カテゴリー）の中で何が好きかを尋ねたり答えたりする。What (sport) do you like? のようなオープン・クエスチョンを使うことによって，より子ども達の間での情報交換が活発になると思われる。本時までに，スポーツや飲食物等，カテゴリーごとのさまざまな語彙に慣れ親しませておく必要がある。本時ではパフォーマンス活動として，インタビューゲーム（やり取り）を設定し，子どもの様子を評価していく。子どもが相手の答えを予想しながらインタビューをしていくことで，子ども同士の相互理解を一層深められると考えられる。

〔Warming up〕

1　はじめの挨拶をする。

2　チャンツをする。（Let's Chant：p.19）

■観察のポイント■

> 電子黒板の音声やリズムに合わせながら，大きな声で練習しているか。

3　復習をする。（pp.18–19）

■観察のポイント■ （ポインティング・ゲーム）（ペアワーク）

> What〜 do you like? と大きな声で教師に尋ねているか。
> 教師が発音する英語をしっかり聞き取ろうとしているか。

4　めあてを確認する。 えいごですきなものをインタビューしよう。

〔Main activities〕

5　教師のモデルを見る。

■観察のポイント■

> 教師のモデルを見て，活動の手順や使う表現を理解しようとしているか。

6　インタビューをする。

A：Hello. What fruit do you like?

B：I like grapes.

A：What color do you like?

　　（中略）

A：Thank you.

○インタビューゲームをする前に

・相手の好きなものを予想してからインタビューをするように指示する。

・What〜do you like? の表現を言えるよう，しっかり練習させる。言うことが難しい友達には，一緒に言って助け合うように指示する。

・自分の好きなものが相手に伝わるように，声の大きさや表情を意識しながら答える。

・最初は隣の席の相手とペアでインタビューをし合い，その後友達の所へ各自インタビューに行かせる。そうすることで，各ペアの様子が観察しやすくなる。

・インタビューの結果をメモを取るワークシートを用意する。

■観察のポイント■

相手の好きなものを予想しながらインタビューをしたり，自分の好きなものが相手に伝わるように，声の大きさや表情を意識しながら答えたりしているか。

途中でインタビュー活動のよい事例を全体に紹介する等の中間評価の場を設けると，子どもの後半の活動がより相手を意識したやり取りになっていく。また，中間評価を行うことはクラス全体のレベルアップにもつながる。

インタビューゲームはp.20の表を使って活動させるが，子どもの実態に合わせてワークシートを作り，使ってもよい。

ワークシートの表の例

名前	fruit		color		sport	
例：Sakura	よそう ○	ぶどう	よそう ×	青	よそう ○	水えい

評価のポイント【評価の観点：思考・判断・表現】（話すこと［やり取り］）

相手の好きなものを予想しながら，何が好きかを尋ねたり答えたりしている。

本時の評価の観点は「思考・判断・表現」である。本時までに習ってきた表現や語彙を使って友達と交流しているかどうかを観察し，評価する。また，子どもが使用したテキスト（又はワークシート）や振り返りシートを確認し，追加評価するとよい。また，英語表現を正しく使えているかどうかではなく，相手を意識してゆっくり答えを言ってあげたり，声の大きさや表情等を意識して質問をしたり答えたりといった態度面について評価することも可能である。

〔Looking back〕

7 本時の学習を振り返る。

・振り返りシートを書き，発表する。

■観察のポイント■

授業の内容や活動について，自分の頑張った点や友達について分かったこと等を書いているか。

8 終わりの挨拶をする。

事例6　Unit6　ALPHABET　アルファベットとなかよし

■目標

○身の回りには活字体の文字で表されているものがあることに気付き，活字体の大文字とその読み方に慣れ親しむ。　　　　　　　　　　　　　　　　　　　　　　　（知識・技能）

○自分の姓名の頭文字を伝え合う。　　　　　　　　　　　　　　　　　　（思考・判断・表現）

○相手に伝わるように工夫しながら，自分の姓名の頭文字を伝えようとする。　　　　（態度）

■計画（4時間）

	主題	主な活動	使用するフレーズ・単語
1	アルファベットの大文字の読み方を知る。	○授業開始時の挨拶 ○歌（ABC Song）（Let's Sing：p.23） ○アルファベットを探そう（pp.22-23の絵） ○ポインティング・ゲーム（ペアワーク） 　　　　　　　　　　（pp.22-23の絵） ○振り返り ○授業終了時の挨拶	大文字（A～Z）， alphabet book 等アルファベットが隠れていた絵の単語
2	身の回りにアルファベットの大文字があることに気付き，それを読んでみる。	○授業開始時の挨拶 ○歌（ABC Song）（Let's Sing：p.23） ○ドンじゃんけん（ペアワーク） 　　　　　　　　　　（pp.22-23の絵） ○線つなぎゲーム（ワークシート） ○身の回りのもの探し（ゲームアルファベット） ○振り返り ○授業終了時の挨拶	大文字（A～Z）， alphabet ※線つなぎゲームのワークシートは，㈱サクラクレパスホームページ http://www.craypas.com/target/teacher/ の教職員の皆さま→小・中学校の先生方へ→外国語活動を使用。
3	アルファベットの大文字とその読み方に慣れ親しみ，仲間分けをする。	○授業開始時の挨拶 ○アルファベット大文字復習 ○アルファベットの仲間分け 　　　　　　　　（Let's Play：p.24） ○発表 ・仲間分けの仕方を発表する。 ○振り返り ○授業終了時の挨拶	大文字（A～Z）， alphabet
4 本時	相手に伝わるように工夫しながら，自分の姓名の頭文字を伝える。	○授業開始時の挨拶 ○歌（ABC Song）（Let's Sing：p.23） ○アルファベット大文字復習 ○頭文字のカード交換（Activity：p.25） ・集めた頭文字のカードを発表する。 ○振り返り ○授業終了時の挨拶	(The "A" card), please. Here you are. Thank you. You're welcome. 大文字（A～Z）， alphabet

■本時の主なねらい

○相手に伝わるように工夫しながら，自分の姓名の頭文字を伝えようとしている。　　（態度）

■展開

学習活動	○教師の支援　※評価の観点〈評価方法〉
〔**Warming up**〕 1　はじめの挨拶をする。 2　歌を歌う。♪ ABC Song ♪ 　　　　　　　　（Let's Sing：p.23） 3　めあてを確認する。 　名前の頭文字を集めて発表しよう。	○大きな声と笑顔で楽しい雰囲気をつくる。 ○メロディに合わせて歌わせる。 ○めあてを提示し，意欲を高めさせる。 　名前の頭文字を集めて発表しよう。
〔**Main activities**〕 4　アルファベットの大文字の復習 5　ミッシングゲーム 6　頭文字のカード交換 ・自分や友達の姓名の頭文字のカードを交換し合って，p.25に貼る。 　A：Hi! The "S" card, please. 　B：Here you are. /Sorry. 　A：Thank you. /That's OK. Bye. 　B：You're welcome. / Bye.	○黒板にA〜Zまでの26文字のアルファベットを貼り，順番に教師が読み，その後に，子どもに読ませる。 ○ランダムに大文字を指し示し，子ども達に，文字を読ませる。 ○黒板から数枚文字を取り，何がなくなったか，答えさせる。 ○最初に自分の頭文字2文字を集めるよう指示する。その後，家族や友達の頭文字のカードを集めさせる。 ○集めたカードを誰の頭文字か分かるよう，整理してp.25に貼るように指示する。 ○言うことが困難な子どもには支援をしたり，友達と一緒に言わせたりする。 ○自分や友達の姓名の頭文字が分からない子どものために，ローマ字表を掲示するなどして支援する。
7　集めた頭文字の発表 　Hello! I'm Tanaka Sakura. 　"T" and "S". Thank you. 　○発表 　・元気よくクラスの友達に届くような声で言う。 　・自分の姓名の頭文字が伝わるように，アルファベットカードを使って発表する。 　・クラス全体を見ながら発表する。	○頭文字の発表をする時に子どもが使えるように，黒板用のアルファベットカードを準備する。 ○元気よく，クラス全体を見ながら発表するように指示する。 ※相手に伝わるように工夫しながら，自分の姓名の頭文字を伝えようとしている。（態度）〈パフォーマンス評価（発表）〉
〔**Looking back**〕 8　本時の学習を振り返る。 　○振り返りシートを書き，発表する。 　　・数人が発表する。 9　終わりの挨拶をする。	○振り返りシートを使って，友達と楽しくカード交換したり，自分の頭文字を発表したりしたかを振り返らせる。 ○残り時間を考慮し，数人に当てる。 ○大きな声で挨拶させる。

■本時の活動と評価のポイント

　本単元は，アルファベットの大文字に子どもが初めて触れる授業である。今後の書く指導につながっていく初めの一歩となる活動のため，楽しくアルファベットとその読み方に慣れ親しませたい。また，音だけでなく視覚的にも文字に慣れ親しませる必要があるため，アルファベット一覧表やローマ字一覧表を教室に掲示するとよい。本時では自分の姓名の頭文字について発表するパフォーマンス活動を設定している。国語科で同時期にローマ字を習っているので，自分の名前をアルファベットで記すことに興味をもつ子どもも多いと思われる。自分だけでなく，友達や家族の頭文字にも興味をもってカード交換をする様子を期待したい。さまざまな持ち物に自分のイニシャルを書かせても楽しい。

〔Warming up〕

1　はじめの挨拶をする。

2　歌を歌う。♪ ABC Song ♪（Let's Sing：p.23）

■観察のポイント■
　電子黒板の音声や画面に合わせながら，大きな声で楽しく歌っているか。

3　めあてを確認する。　名前の頭文字を集めて発表しよう。

〔Main activities〕

4　アルファベットの大文字の復習

■観察のポイント■
　大きな声で元気よくアルファベットの文字の発音をしているか。

5　ミッシングゲーム

■観察のポイント■
　一生懸命に，なくなった文字が何か考えているか。

6　頭文字のカード交換

　A：Hi! The "S" card, please.

　B：Here you are. /Sorry.

　A：Thank you. /That's OK. Bye.

　B：You're welcome. / Bye.

■観察のポイント■
　カードの交換を積極的に行っているかどうか。

7　集めた頭文字の発表

　Hello! I'm Tanaka Sakura.

　"T" and "S". Thank you.

○発表をする前に

・発表では，名字と名前の順に言って，イニシャルを紹介すると伝える。

・言うことが難しい友達には，一緒に言ってあげるように指示する。

・次の発表に当たっている子どもは，発表者の近くで待機させる。

・元気よく，クラスの友達に届くような声で言うように伝える。

・クラス全体を見ながら発表するように伝える。

・自分の姓名の頭文字が伝わるように，アルファベットカードを使って発表するよう指示する。

・聞く側もしっかり聞くように，自分の頭文字と同じ子を見つけたり，友達のイニシャルを予想しながら聞いたりする等，気付いたことを振り返りシートに記入するよう指示する。（例：さ行から始まる友達は自分と一緒の頭文字Ｓだと分かった。）

○発表

・元気よくクラスの友達に届くような声で言う。

・自分の姓名の頭文字が伝わるように，アルファベットカードを使って発表する。

・クラス全体を見ながら発表する。

評価のポイント【評価の観点：主体的に学習に取り組む態度】（話すこと［発表］）

　相手に伝わるように工夫しながら，自分の姓名の頭文字を伝えようとしている。

　本時の評価の観点は「主体的に学習に取り組む態度」である。本時までに勉強してきたアルファベットの大文字とその読み方を使って，自分の姓名の頭文字を伝えることをパフォーマンス活動（発表）として単元の最終に設定した。態度面では主に，①はっきりした声で発表しているかどうか。②クラス全体を見て，アイコンタクトを取ろうとしているかどうか。③相手に伝わるようにアルファベットカードを使って発表しているかどうか等，３つの点を中心に見るとよい。また態度面だけでなく，スキル（技能）面についても同時に評価することもできる。振り返りシートに友達の発表を聞いて気付いたことを書かせたり，自己評価の項目を加えて選ばせたりすると，効果的である。

〔Looking back〕

8　本時の学習を振り返る。

○自己評価項目例

・〜, please. などの英語を使って，友達とカード交換をしましたか。

・自分の名前のイニシャルをはっきりした声で友達に伝えられましたか。

・相手の方を見て，話したり聞いたりしましたか。

○振り返りシートを書き，発表する。

・数人が発表する。

9　終わりの挨拶をする。

事例7　Unit7　This is for you.　カードをおくろう

■目標

○日本語と英語の音声の違いに気付き，形の言い方や，欲しいものを尋ねたり答えたりする
　表現に慣れ親しむ。　　　　　　　　　　　　　　　　　　　　　　　　　　（知識・技能）

○欲しいものを尋ねたり答えたりして伝え合う。　　　　　　　　　　（思考・判断・表現）

○相手に伝わるように工夫しながら，自分の作品を紹介しようとする。　　　　　　（態度）

■計画（5時間）

	主題	主な活動	使用するフレーズ・単語
1	世界にはさまざまなカードがあることと，形や身の回りのものを表す言い方を知る。	○授業開始時の挨拶 ○世界のカード 　　　（Let's Watch and Think：p.28） ○シェイプ・クイズ(Let's Play ①：p.27) ○振り返り ○授業終了時の挨拶	shape, circle, triangle, rectangle, square, diamond, heart, star, cat, dog, panda, mouse, bear
2	日本語と英語の音声の違いに気付くとともに，欲しいものを尋ねたり答えたりする表現を知る。	○授業開始時の挨拶 ○ポインティング・ゲーム 　　　　（Let's Play ②：pp.26-27） ○チャンツ（Let's Chant：p.27） ○振り返り ○授業終了時の挨拶	What do you want? (A yellow star), please. How many?（Two), please. big, small,
3	色や形の言い方と欲しいものを尋ねたり答えたりする表現に慣れ親しむ。	○授業開始時の挨拶 ○形の復習（Let's Play ②：pp.26-27） ○欲しいもの聞き取り 　　　　（Let's Listen：p.29） ○振り返り ○授業終了時の挨拶	What do you want? (A yellow star), please. How many? (Two), please. big, small,
4 本時	カード（作品）を作るために，欲しいものを尋ねたり答えたりして伝え合う。	○授業開始時の挨拶 ○チャンツ（Let's Chant：p.27） ○お店屋さんごっこ ○カード（作品）を作る。 ○振り返り ○授業終了時の挨拶	What do you want? (A yellow star), please. How many? (Two), please. big, small,
5	カード（作品）を紹介して，プレゼントする。	○授業開始時の挨拶 ○自分のカード（作品）の紹介 ○カードを渡す。 ○単元の振り返り ○授業終了時の挨拶	This is my card. (Two blue hearts.) (One big pink circle.) (A rabbit.) This is for you. Here you are. Thank you.

■本時の主なねらい

○お店屋さんごっこをしながら，欲しいものを尋ねたり答えたりしている。

（思考・判断・表現）

■展開

学習活動	○教師の支援　※評価の観点〈評価方法〉
〔**Warming up**〕 1　はじめの挨拶をする。 2　めあてを確認する。 　○お店屋さんごっこのモデルを見る。 　いろいろな形を集めて，カードを作ろう。	○大きな声で一緒に挨拶をする。 ○お店屋さんごっこのモデルを見せることで，本時にどのような学習をするのかの見通しをもたせる。 　いろいろな形を集めて，カードを作ろう。
〔**Main activities**〕 3　チャンツをする。（Let's Chant：p.27） 4　お店屋さんごっこをする。 　○お店屋さんごっこ 　・欲しい色や形，その大きさや数を尋ねたり伝えたりする。 　・お店側は，さまざまな色や大きさの形をトレイに持っておく。 　　お店側：What do you want? 　　　　　Big? Small? 　　　　　How many? 　・お客側は，カード（作品）に使う形を集める。 　　お客側：..., please. 5　カード（作品）を作る。 　○カード作り 　・受け取る友達がよろこぶカードになるように，丁寧に作る。 　・自分の作った作品が英語でどう言うのかを確認する。	○元気な声で一緒に言う。慣れてきたら，ペアになり，お店側とお客側に分かれて言わせる。 ○笑顔で一緒に活動することで，楽しい雰囲気をつくる。 ○言い方が分からなくなったら，いつでも教師に尋ねてよいことを伝え，安心して活動できるようにする。 ○活動を途中で止めてフィードバックを行う。困ったことを出し合い，クラス全体で解決していくことで，やり取りの質を向上させる。 ※お店側…相手の欲しい色や形，その大きさや数を聞き出し，求められた形を渡している。 　お客側…自分の欲しい色や形，その大きさや数を相手に分かるように伝えている。（思考・判断・表現）〈パフォーマンス評価（やり取り）〉
〔**Looking back**〕 6　本時の学習を振り返る。 　○振り返りシートを書き，発表する。 7　終わりの挨拶をする。	○お店側として役割を果たしたか，お客として自分の欲しい形を伝えたかを振り返らせる。

■本時の活動と評価のポイント

　本時は，Unit7の終末前の時間である。この時間では，お店屋さんごっこをして，自分が作るカード（作品）に必要な形を集めて，作品を仕上げる。ここまでに，子どもは形の言い方や欲しいものを尋ねたり答えたりする表現に十分慣れ親しんできたと考えられる。お店屋さんごっこをする中で，これらの慣れ親しんできた表現を実際のコミュニケーションの場で使ってみる。その時に，これまでのコミュニケーションでも大切にしてきた相手の話をしっかり聞き取ろうとする姿勢と，相手を見ながら自分の思いを伝えることの大切さを改めて伝えておきたい。ここではパフォーマンス評価として，お店屋さんごっこの活動を観察するようにしているが，学校によりさまざまな状況が考えられることから，各活動の観察のポイントも示していく。

〔**Warming up**〕

1　はじめの挨拶をする。

2　めあてを確認する。　　いろいろな形を集めて，カードを作ろう。

〔**Main activities**〕

3　チャンツをする。（Let's Chant：p.27）

　■観察のポイント■

　デジタル教材の映像や音声に合わせながら，大きい声で楽しく言っているか。

4　お店屋さんごっこをする。（パフォーマンス活動）

　○お店屋さんごっこ

　　・欲しい色の形やその大きさや数を尋ねたり伝えたりする。

　　・お店側は，さまざまな色や大きさの形をトレイに持っておく。

　　　お店側：What do you want?

　　　　　　　Big? Small?

　　　　　　　How many?

　　・お客側は，カード（作品）に使う形を集める。

　　　お客側：..., please.

　○活動を行う前に

　　・コミュニケーションの場面で大切なことを確認する。

　　・形の言い方や欲しいものを尋ねたり答えたりする表現が思い出せない場合は，いつでも教師に尋ねてよいことを伝える。

　○活動中に

　　・活動を途中で止めて，フィードバックを行う。１人が困っていることを全体で共有して解決していくことで，コミュニケーションの質を高めることができるようになる。

　　　例）大きい方か小さい方かを尋ねたい。

→教　師：大きいと小さいは，何と言うかな？

　子ども：Big. Small.

　教　師：それじゃあ，その言葉を使って尋ねてみよう。

　　　　　Big? Small?

■観察のポイント■

お店側…お客に欲しいものを尋ねて，しっかり聞き取ろうとしているか，お客が求めた形を
　　　　渡しているかを観察する。また，必要に応じて形の大きさや数を尋ねて，しっかり
　　　　とお客の求めるものを引き出そうとしているかも観察する。

お客側…お店の人に欲しいものを分かりやすく伝えているかを観察する。その時には，相手
　　　　の方を見たり，聞こえる声で話したりしているかどうかを観察するとよい。また，
　　　　自分の求めている色の形やその大きさと数を伝えているかも観察する。

評価のポイント【評価の観点：思考・判断・表現】（話すこと［やり取り］）

　お店屋さんごっこをする中で，お店側として相手の求めるものを聞き出して渡したり，お
客側として自分の欲しいものを伝えたりしている。

　本時の評価の観点は「思考・判断・表現」であることから，慣れ親しんできた表現を使っ
て，目的に応じたコミュニケーションをしているかを観察する。自分の欲しいものを伝えら
れたかどうかは，この後のカード（作品）を作る活動で，自分の思い描く作品を作ることが
できたかでも見取ることができる。そこで，活動中は主にお店側の様子をよく観察するとよ
い。その時には，既習の内容を使って，お客の欲しい形の大きさや数も聞き出そうとしてい
るかを観察することで，より質の高いコミュニケーションができているかどうかを見取るこ
とができる。

5　カード（作品）を作る。

　○カード作り

　　・受け取る友達が喜ぶカードになるように，丁寧に作る。

　　・自分の作った作品が英語でどう言うのかを確認する。

■観察のポイント■

　自分の思い描く作品を作ることができているか。

〔Looking back〕

6　本時の学習を振り返る。

　　・振り返りシートを書き，発表する。

■観察のポイント■

　お店側として役割を果たしたか，お客として自分の欲しい形を伝えていたかという視点で
振り返りを書き，自分自身の達成度を認識できているか。

7　終わりの挨拶をする。

事例8　Unit8　What's this?　これなあに？

■目標

○外来語とそれが由来する英語の違いに気付き，身の回りのものの言い方や，あるものが何かを尋ねたり答えたりする表現に慣れ親しむ。　　　　　　　　　　　　　　（知識・技能）

○クイズを出したり答えたりし合う。　　　　　　　　　　　　　　　　　　（思考・判断・表現）

○相手に伝わるように工夫しながら，クイズを出したり答えたりしようとする。

　　　　　　　　　　　　　　　　　　　　　　　　　　　　　　　　　　　　　　（態度）

■計画（5時間）

	主題	主な活動	使用するフレーズ・単語
1	身の回りのものの言い方や，あるものが何か尋ねたり答えたりする表現を知る。	○授業開始時の挨拶 ○隠れているものは何 　　　　（Let's Play ①：p.31） ○チャンツ（Let's Chant：p.31） ○振り返り ○授業終了時の挨拶	What's this? It's（a nest）. That's right. Hint, please. nest, gorilla, moth, owl
2	身の回りのものの言い方や，あるものが何か尋ねたり答えたりする表現に慣れ親しむ。	○授業開始時の挨拶 ○チャンツ（Let's Chant：p.31） ○シルエットクイズ 　　　　（Let's Play ②：p.32） ○振り返り ○授業終了時の挨拶	What's this? It's（a nest）. That's right. Hint, please. carrot, cucumber, peach, pineapple, onion, green pepper, orange, tomato
3	あるものが何か尋ねたり答えたりする表現に慣れ親しむ。	○授業開始時の挨拶 ○チャンツ（Let's Chant：p.31） ○漢字・足あとクイズ（Activity：p.33） ○振り返り ○授業終了時の挨拶	What's this? It's（a nest）. That's right. Hint, please. starfish, jellyfish, sea horse, footprint, cat, rabbit, elephant
4	クイズを出したり答えたりしてする。	○授業開始時の挨拶 ○チャンツ（Let's Chant：p.31） ○ヒントクイズ（Activity：pp.32–33） ○クイズ大会の準備 ○振り返り ○授業終了時の挨拶	apple, rice ball, carrot, strawberry, soccer ball, elephant, cat, salad, milk, table tennis, banana, grapes, mouse, panda
5 本時	相手に伝わるように工夫しながら，クイズを出したり答えたりする。	○授業開始時の挨拶 ○クイズ大会 ○振り返り ○授業終了時の挨拶	

■本時の主なねらい

○相手に伝わるように工夫しながら，クイズを出したり答えたりしようとしている。

（態度）

■展開

学習活動	○教師の支援　※評価の観点〈評価方法〉
〔**Warming up**〕 1　はじめの挨拶をする。 2　めあてを確認する。 <div align="center">クイズ大会をしよう。</div>	○大きな声で一緒に挨拶をする。 ○めあてを提示し，意欲を高めさせる。 <div align="center">クイズ大会をしよう。</div>
〔**Main activities**〕 3　クイズのモデルを見る。 4　クイズ大会をする。 　○クイズ大会 ・クイズの中で，あるものが何か尋ねたり答えたりする。 ・10人程度のグループに分かれてクイズ大会を行う。 ・出題者側は，準備してきたシルエット，漢字，3つのヒントを提示しながらクイズを出す。 　出題者側：What' this? 　　　　　　A hint? OK. 　　　　　　Hint 1, ... 　　　　　　Hint 2, ... 　　　　　　Hint 3, ... 　　　　　　That's right. ・解答者側は，出題者に聞こえるように答える。 　解答者側：It's .... 　　　　　　Hint, please. ・時間が余ったら，楽しいクイズを出して，クラス全体で共有する。	○クイズのモデルを見せ，本時にどのような学習をするのかの見通しをもたせる。 ○笑顔で一緒に活動することで，楽しい雰囲気をつくる。 ○言い方が分からなくなったら，いつでも教師に尋ねてよいことを伝え，安心して活動できるようにする。 ○活動を途中で止めてフィードバックを行う。困ったことを出し合い，クラス全体で解決していくことで，やり取りの質を向上させる。 ※出題者側…相手が楽しむことができるように，声の大きさや話す速さを工夫しながらクイズを出そうとしている。 　解答者側…相手によく聞こえる声で，クイズに答えようとしている。 （態度）〈パフォーマンス評価（やり取り）〉
〔**Looking back**〕 5　本時の学習を振り返る。 　○振り返りシートを書き，発表する。 6　終わりの挨拶をする。	○出題者は楽しくクイズができたか，解答者はよく聞こえる声で答えたかを振り返らせる。

■本時の活動と評価のポイント

　本時は，Unit8の最後の時間である。この時間では，自分で考えたオリジナルのクイズを出し合い，クイズ大会をする。子どもはこれまでに，あるものを何か尋ねたり答えたりする表現に十分慣れ親しんできていると考えられる。クイズ大会をする中で，実際のコミュニケーションの場面として使わせてみる。その時には，クイズ大会をみんなで楽しくするためにはどのようにすればよいかを考えさせたい。これまで大切にしてきた聞き方や話し方に加え，今回はコミュニケーションを楽しく盛り上げる工夫も必要になる。ここではパフォーマンス評価として，クイズを出したり答えたりする活動を観察するようにしているが，学校によりさまざまな状況が考えられることから，各活動の観察のポイントも示していく。

〔Warming up〕

1　はじめの挨拶をする。

2　めあてを確認する。　　クイズ大会をしよう。

〔Main activities〕

3　クイズのモデルを見る。

4　クイズ大会をする。（パフォーマンス活動）

　○クイズ大会

・10人程度のグループに分かれて行う。

・あるものが何か尋ねたり伝えたりする。

・出題者側は，準備してきたシルエット，漢字，３つのヒントを提示しながらクイズを出す。

　　出題者側：What' this?

　　　　　　　A hint? OK.

　　　　　　　Hint 1, ...

　　　　　　　Hint 2, ...

　　　　　　　Hint 3, ...

　　　　　　　That's right.

・解答者側は，出題者に聞こえるように答える。

　　解答者側：It's ....

　　　　　　　Hint, please.

・時間が余ったら，楽しいクイズを出して，クラス全体で共有する。

　○活動を行う前に

・クイズを楽しくするために大切なことを確認する。

・クイズを出したり答えたりする表現が出てこない場合は，いつでも教師に尋ねてよいことを伝える。

○活動中に

・活動を途中で止めて，フィードバックを行う。1人が困っていることを全体で共有して解決していくことで，コミュニケーションの質を高めることができるようにする。

　例）クイズが難しくて分からない。

　　　→教　師：ヒントが欲しいよね。どう言えばよかったかな。

　　　　子ども：Hint, please.

　　　　教　師：それじゃあ，その言葉を使ってお願いしてみよう。

　　　　　　　　Hint, please.

■観察のポイント■

出題者側…相手にクイズの趣旨がよく伝わるように，分かりやすい絵などを提示しながら出題しているかを観察する。また，クイズ大会を盛り上げるように，声の大きさや話す速さを工夫しながらクイズを出そうとしているかも観察する。

解答者側…相手によく聞こえるように，声の大きさに気を付けながらクイズに答えているかを観察する。また，クイズに積極的に答えようとしているか，クイズ大会を楽しんでいるかも観察する。

評価のポイント【評価の観点：主体的に学習に取り組む態度】（話すこと［やり取り］）

　クイズ大会の中で，出題者として相手が楽しむことができるようにクイズを出そうとしたり，解答者として相手によく聞こえる声でクイズに答えようとしたりしている。

　本時の評価の観点は「主体的に学習に取り組む態度」であることから，慣れ親しんできた表現を使って，相手意識をもちながらコミュニケーションをしているかを観察する。相手が楽しむことができるようにクイズを出しているかどうかは，出題する時に声の大きさや話す速さを工夫してクイズ大会を盛り上げているかどうかを見取る。また，相手によく聞こえる声でクイズに答えたりしているか，楽しく元気に解答しているかどうかを見取る。クイズ大会の進め方によっては，解答する子どもが限られてしまう。その際は，クイズに積極的に答えようとしているかどうかを見取ることも考えられる。

〔**Looking back**〕

5　本時の学習を振り返る。

・振り返りシートを書き，発表する。

■観察のポイント■

　出題者として楽しいクイズができたか，解答者として出題者によく聞こえる声で答えたかという視点で振り返りを書き，自分自身の達成度を認識できているか。

6　終わりの挨拶をする。

事例9　Unit9　Who are you?　きみはだれ？

■目標

○日本語と英語の音声やリズムなどの違いに気付き，尋ねたり答えたりする表現に慣れ親しむ。　(知識・技能)

○絵本などの短い話を聞いて，おおよその内容が分かる。　(思考・判断・表現)

○絵本などの短い話を反応しながら聞くとともに，相手に伝わるように台詞をまねて言おうとする。　(態度)

■計画（5時間）

	主題	主な活動	使用するフレーズ・単語
1	動物の語彙に慣れ親しむ。	○授業開始時の挨拶 ○絵本の読み聞かせの聞き取り ○動物の語彙練習 ○振り返り ○授業終了時の挨拶	dog, cow, dragon, snake, tiger, sheep, chicken, wild boar
2	色や特徴を聞いて，誰かと尋ねる。	○授業開始時の挨拶 ○動物の語彙復習 ○表現練習 ○絵本の読み聞かせの聞き取り ○振り返り ○授業終了時の挨拶	Are you a〜? Yes, I am./No, sorry. I'm a 〜. lion, pig, penguin, panda, kangaroo, zebra, giraffe, elephant
3	色や特徴を表す表現に慣れ親しむ。	○授業開始時の挨拶 ○表現復習（色や形） ○絵本の読み聞かせの聞き取り ○先生クイズ ○振り返り ○授業終了時の挨拶	I see something〜. long, shiny, scary, round, furry head, eyes, ears, nose, white, black, brown, green, gray, yellow
4 本時	色や特徴を使って，クイズを作り，ペアで出題し合う。	○授業開始時の挨拶 ○絵本の読み聞かせの聞き取り ○クイズ作り ○発表練習 ○振り返り ○授業終了時の挨拶	
5	進んでクイズに答えようとしたり，相手に伝わるよう工夫して出題したりする。	○授業開始時の挨拶 ○最終クイズ出題練習 ○グループ発表 ○振り返り ○授業終了時の挨拶	

■本時の主なねらい

○色や特徴を使ってクイズを作ったり，ペアの友達にクイズを出したり答えたりしている。

（思考・判断・表現）

■展開

学習活動	○教師の支援　※評価の観点〈評価方法〉
〔Warming up〕 1　はじめの挨拶をする。	○必要があれば，挨拶をする日直のサポートをする。 ○子ども達一人一人の顔を見て，笑顔で挨拶する。
2　めあてを確認する。 　　ペアの友達のクイズに答えよう。	○めあてを提示し，意欲を高めさせる。 　　ペアの友達のクイズに答えよう。
〔Main activities〕 3　絵本の読み聞かせを聞く。 ・動物，色や特徴を一緒に言う。	○これまで学習した語彙や表現で言えるところを一緒に言わせて，復習する。
4　クイズ作り ・出題したい動物の色や特徴を考える。 　（例） 　出題者　"(Black and white)." 　回答者　"Are you a (panda)?" 　出題者　"Yes, I am. I'm a (panda)." 　　　　　"No, I'm not. I'm a (zebra)." 　（例） 　出題者　"(Long nose)." 　回答者　"Are you an (elephant)?" 　出題者　"Yes, I am. I'm an 　　　　　(elephant)." 　　　　　"No, I'm not. I'm a (horse)."	○クイズ作りに難しく感じている子の支援をする。 ※色や特徴を使ってクイズを作り，答えている（思考・判断・表現）〈パフォーマンス評価（やり取り）〉
5　ペアワーク ・ペアでクイズを出題し合う。	○出題に難しく感じている子の支援をする。
〔Looking back〕 6　本時の学習を振り返る。 ・振り返りシートを書く。 ・次回に向けた準備をする。	○振り返りシートで目標の達成を確認させる。 ○ペアの反応によって，必要があればクイズを改良させる。
7　終わりの挨拶をする。	○大きな声で挨拶させる。

■本時の活動と評価のポイント

　本単元は，３年生最終の学習である。絵本の内容を100％理解できなくても，キーワードを聞き取って「何となく分かった！」という実感を体験させたい。子ども達は１年間の「外国語活動」でスモールトークや活動のデモンストレーション等，まとまりのある話を聞くことを経験してきている。「曖昧なことへの耐性」や「類推する力」がだんだん育まれてきているはずである。「英語で言われていることが何となく分かる！」「他の絵本も聞いてみたい！」と，さらなる意欲をもってもらいたいものである。

〔Warming up〕

1　はじめの挨拶をする。

2　めあてを確認する。　┃ペアの友達のクイズに答えよう。┃

〔Main activities〕

3　絵本の読み聞かせを聞く。

　・隠れている動物の色や形の特徴を一緒に言う。

4　クイズ作り

　・出題したい動物の色や特徴を考える。

■観察のポイント■

　これまで学習した語彙や表現を使ってクイズを作っているか。

　積極的に楽しみながら作っているか。

5　ペアワーク

　出題者　（色や特徴）.

　回答者　Are you a 〜?

　出題者　Yes, I am. / No, sorry.

　　　　　I'm a 〜.

評価のポイント【評価の観点：思考・判断・表現】（話すこと［やり取り］）

　ペアで進んでクイズを出題し合っている。

　次回のグループ発表に向けて，ペアでクイズを改良するようにする。声の大きさ，速さ，ジェスチャー等の工夫をしているかなど練習する様子を観察する。

〔Looking back〕

6　本時の学習を振り返る。

　・振り返りシートを書かせる。

■観察のポイント■

　クイズの作成について，自分の頑張った点や友達のよいところを素直に認め合っているか。

7　終わりの挨拶をする。

■読み聞かせにお奨めしたい英語の絵本

子どもは読み聞かせが大好きである。もちろん，生まれてこの方，さまざまな日本の絵本に出会ってきたと思われる。そこで，外国語活動のテキスト"Let's Try!1"のUnit9の読み聞かせに合わせて，英語の絵本に触れることも効果が期待できる。

ここで，世界的にも有名な絵本を紹介したい。これらは輸入本や大型絵本となるので，少々金額的には高いが，学校で所有して授業で活用したいものである。

○エリック・カール作品

誰もが知っているエリック・カールの絵本を授業で活用してみる。

1. **Brown Bear, Brown Bear, What Do You See?**

リズミカルに読んで，色や動物の名前に触れるには効果的である。

2. **THE VERY HUNGRY CATERPILLAR**

日本名の「はらぺこあおむし」の絵本はあまりにも有名である。

3. **From Head to Toe**

助動詞の can に触れるには最も適した絵本である。

4. **Polar Bear, Polar Bear, What Do You Hear?**

英語が少々難しくなるが，動物名や現在分詞に触れるには適した絵本である。

○その他の作者

3年生の子ども達に触れさせたい絵本には次のようなものがある。

1. **Dear Zoo　Rod Campbell 作**

大型絵本があり，仕掛けが素晴らしく，子ども達は絵本に釘付けになる。

2. **The Great Big Enormous Turnip**

「大きなかぶ」として有名な絵本で，大型本もある。

3. **GO AWAY, BIG GREEN MONSTER!　Ed Emberley 作**

顔がさまざまに変化し，子ども達が飽きることのない絵本である。

4. **No, David!　David Shannon 作**

シリーズもので，子どもの年齢やレベルに合わせて選ぶと面白い読み聞かせになる。

5. **THE HAPPY DAY　Ruth Krauss 作**

自然や動物が綺麗に描かれており，心穏やかになる絵本である。

○日本の絵本作家による英語版絵本

新進気鋭の絵本作家 tupera tupera（ツペラツペラ）を紹介する。

1. **Polar Bear's Underwear**（しろくまのパンツ）

2. **STRIPE ISLAND**（しましまじま）

3. **Make Faces**（かおノート）

2　第４学年 "Let's Try!2" を使った評価事例

事例１　Unit1　Hello, world!　世界のいろいろなことばであいさつをしよう

■目標

○さまざまな挨拶の仕方があることに気付くとともに，挨拶の言い方に慣れ親しむ。

（知識・技能）

○友達と挨拶をして，自分の好きなものなどを伝え合う。　（思考・判断・表現）

○相手に配慮しながら，友達と挨拶をして，自分の好きなものなどを伝え合おうとする。

（態度）

■計画（2時間）

	主題	主な活動	使用するフレーズ・単語
1	世界のいろいろな言葉で挨拶する。	○授業開始時の挨拶 ○歌（Hello Song） ○スモールトーク ○世界の挨拶 　　（Let's Watch and Think ①：p.2） ○いろいろな国の言葉で挨拶をする。 ○世界の挨拶聞き取り 　　（Let's Listen ①：p.3） ○インタビューゲーム（Let's Play：p.4） ○振り返り ○授業終了時の挨拶	Hello. Good（morning / afternoon / night). I am Chris（名前）. I like（strawberries.) Goodbye. See you.
2 本時	挨拶をして，好きなことや嫌いなことを伝え合う。	○授業開始時の挨拶 ○歌（Hello Song） ○スモールトーク ○挨拶の仕方 　　（Let's Watch and Think ②：p.4） ○登場人物聞き取り 　　（Let's Listen ②：p.5） ○インタビューゲーム（Activity：p.5） 　・好きなものや嫌いなものを尋ね合う。 ○振り返り ○授業終了時の挨拶	Hello. Good（morning / afternoon / night). I am Chris（名前）. I like（strawberries). Goodbye. See you. I like（basketball / red). I don't like（swimming / green). Do you like（soccer / blue）？ Yes, I do. / No, I don't.

■本時の主なねらい

○友達と挨拶をして，自分の好きなものなどを伝え合う。　　　　　　（思考・判断・表現）

○相手に配慮しながら，自分の好きなものなどを伝え合おうとする。　　　　　（態度）

■展開

学習活動	○教師の支援　※評価の観点〈評価方法〉
〔Warming up〕 1　はじめの挨拶をする。 2　歌を元気に歌う。　♪ Hello Song ♪ 3　スモールトークを聞き，内容についての質問に答える。 4　めあてを確認する。 　あいさつをして，友だちのことをもっとよく知ろう。	○大きな声と笑顔で楽しい雰囲気をつくる。 ○教師のスモールトークを聞かせ，内容について，子ども数人に質問する。 ○めあてを提示し，意欲を高めさせる。 　あいさつをして，友だちのことをもっとよく知ろう。
〔Main activities〕 5　英語による挨拶の映像を見る。 　　　（Let's Watch and Think ②：p. 4） 6　登場人物についての聞き取りをする。 　　　　（Let's Listen ②：p. 5） 7　インタビューゲーム（Activity：p. 5） 　A：Hi, Hiroshi. 　B：Hi, Motoko. 　A：I like basketball. Do you like basketball? 　B：Yes, I do. I like basketball. 　　　I like swimming. Do you like swimming? 　A：No, I don't. I don't like swimming.	○映像を見て分かったことをテキストの□に記入し，ペア（グループ）で交流した後，クラス全体で発表（確認）する。 ○気付いたこと（英語表現）は，その場で子どもに再現させる。 ○音声を流す前に，テキストの3名の登場人物について覚えているかを尋ね，確認する。 ○音声を聞いて，登場人物の名前，好きなものや好きではないものをテキストの□に記入させる。 ○モデルを示し，どのようなやり取りをしたらよいか見通しをもたせる。 ※相手に配慮しながら，自分の好きなものなどを伝え合おうとしている。（態度） 〈パフォーマンス評価（やり取り）〉
〔Looking back〕 8　本時の学習を振り返る。 　　振り返りシートを書き，発表する。 　　・数人が発表する。 9　終わりの挨拶をする。	○振り返りシートを使って，楽しく英語を話したり聞いたりしたかを振り返らせる。 ○残り時間を考慮し，数人に当てる。 ○大きな声で挨拶させる。

■本時の活動と評価のポイント

　外国語活動２年目となる最初の単元は，英語だけでなく，世界のさまざまな言語に出会いながら，挨拶や名前の言い方に慣れ親しむとともに，相手に伝わるように工夫しながら，挨拶を交わし，自分の好きなことなどを伝えようとすることがゴールである。

　本時においては，子どもに「あいさつをして，友だちのことをもっとよく知ろう。」という「めあて」を示しながら，「話すこと［やり取り］」の領域の言語活動を通して，相手に配慮しながら，自分の好きなものなどを伝え合おうとする姿を目指していく。

　子どもの発話に際しては，事前にデジタル教材の音声を聞かせたり，教師やALTがスモールトークなどでモデルを示したりして，子どもが見通しをもって活動に取り組めるよう配慮する必要がある。

　また，スモールトークを単なるTeacher's Talkで終わらせないために，子どもを巻き込んでいくことが大切である。教師と子どもの代表とのやり取りもコミュニケーションのモデルと成り得ることを忘れてはならない。

　本時は，２時間構成の単元の２時間目である。単元のまとめのActivityにおいて，子どものパフォーマンスの様子を観察することで評価につなげていくものである。

　学校によりさまざまな状況が考えられることから，各活動の観察のポイントを以下のように示す。

〔**Warming up**〕

1　はじめの挨拶をする。

2　歌を元気に歌う。　♪ Hello Song ♪

3　スモールトークを聞き，内容についての質問に答える。

■観察のポイント■

　前学年（前回）までに使ってきた言葉を教師が意図的に使用し，子どもが覚えているか，話すことができそうかを確認する。その際，本時の活動に関連する表現や語彙を繰り返すなどして，子どもの気付きを促す。可能であれば，子ども数名に質問を投げかけ，話題に学級全体を巻き込むことが望ましい。

4　めあてを確認する。　あいさつをして，友だちのことをもっとよく知ろう。

〔**Main activities**〕

5　英語による挨拶の映像を見る。（Let's Watch and Think ②：p.4 ）

■観察のポイント■

　本活動では，教師が場面を解説してから視聴させるのではなく，登場人物が，午前，午後，就寝前の場面で，その場面に合った挨拶をしていることに気付かせる。気付きを押し付けることなく，活動の中で子どもが自然に気付くような仕掛けがあることが望ましい。状況によ

っては，数回確認のために視聴させてもよい。

6　登場人物についての聞き取りをする。（Let's Listen ②：p.5）

■観察のポイント■
　子どもがすべて聞き取れなくても，「できた」という達成感をもたせることが大切である。あくまでもリスニングテストではないことを理解の上，子どもの様子を観察し，必要に応じては途中で止めたり，数回聞かせるなどして，子どもが聞き取れたと自信がもてるように取り組ませたい。

7　インタビューゲーム（Activity：p.5）

■観察のポイント■
　本活動のねらいは，相手意識をもって挨拶をし，好きなものなどを伝え合うことである。そこで，ここでは，単に挨拶をして好きなことを言い合うのではなく，4年生なりに相手の話に耳を傾け，反応することや，相手に伝わっているかを確認しながら問いかけたり繰り返したりすることを大切にしたい。3年生で繰り返し伝えてきた，声の大きさや，アイコンタクトの重要さも伝えたい。

評価のポイント【評価の観点：主体的に学習に取り組む態度】（話すこと［やり取り］）
　相手に配慮しながら，自分の好きなものなどを伝え合おうとしている。
　本時の評価の観点は「主体的に学習に取り組む態度」であることから，英語の発音や流暢さなどは第二義的なものとして取り扱い，子ども達が慣れ親しんだ表現を用いながら，相手の理解を確認しながら互いに伝え合おうとしているかを観察する。
　中学年であることを考慮し，活動前にやり取りを行う際のポイント（顔を見ながら相手の理解を確認すること，伝わらない内容はゆっくり繰り返すなど）を明示することである。
　相手に対して，はっきりとした声で，時にジェスチャーも交えながら，自分の好きなことなどを伝え，さらに相手が好きかどうかについて尋ねているかを見取る。また，会話を続けられるように言葉をつなぐ姿があれば，学級全体に紹介したい。もちろん，学校の状況によっては，技能面の発音やリズムなどに注目することもできる。

〔**Looking back**〕

8　本時の学習を振り返る。
　・振り返りシートを書き，発表する。

■観察のポイント■
　授業の内容や発表について，自分の頑張った点や友達のよいところを素直に認め合っているか。特に，クラス替えがあった場合には，新しい友達との会話について感想を記入させてもよい。

9　終わりの挨拶をする。

事例2　Unit2　Let's play cards.　すきな遊びをつたえよう

■目標

○世界と日本の遊びの共通点と相違点を通して，多様な考え方があることに気付くとともに，さまざまな動作，遊びや天気の言い方，遊びに誘う表現に慣れ親しむ。　　　　（知識・技能）

○好きな遊びについて尋ねたり答えたりして伝え合う。　　　　　　　　　（思考・判断・表現）

○相手に配慮しながら，友達を自分の好きな遊びに誘おうとする。　　　　　　　　　（態度）

■計画（4時間）

	主題	主な活動	使用するフレーズ・単語
1	世界のさまざまな遊びを知る。	○歌（Hello Song） ○スモールトーク ○チャンツ（Let's Chant：p.6） ○世界の遊び 　（Let's Watch and Think ①：p.6）	How's the weather? It's (sunny/rainy/cloudy/snowy). Let's play (cards/soccer/tag).
2	天気や遊びの言い方に慣れる。	○歌（Hello Song） ○スモールトーク ○チャンツ（Let's Chant：p.6） ○遊び聞き取り（Let's Listen ①：p.8） ○サイモンセズゲーム ○天気と衣類聞き取り 　（Let's Listen ②：p.8）	How's the weather? It's (sunny/rainy/cloudy/snowy). Let's play (cards/soccer/tag).
3 本時	遊びや天気の言い方を伝え合う。	○スモールトーク ○めあてを確認する。 ○チャンツ（Let's Chant：p.6） ○天気聞き取り（Let's Listen ③：p.9） ○世界の天気 　（Let's Watch and Think ②：p.9） ○好きな遊びを話してみる。	How's the weather? It's (sunny/rainy/cloudy/snowy). Let's play (cards/soccer/tag).
4	たくさんの友達を遊びに誘う。	○スモールトーク ○チャンツ（Let's Chant：p.6） ○インタビューゲーム（Activity：p.9） ○好きな遊びを伝え合う。	How's the weather? It's (sunny/rainy/cloudy/snowy). Let's play (cards/soccer/tag).

■本時の主なねらい

○天気や衣類，遊びの言い方や訪ね方に慣れ親しむ。 （知識・技能）

○やりたい遊びについて尋ねたり答えたりして伝え合う。 （思考・判断・表現）

■展開

学習活動	○教師の支援　※評価の観点〈評価方法〉
〔Warming up〕 1　はじめの挨拶をする。 2　スモールトークを聞き，内容についての質問に答える。 3　めあてを確認する。 　遊びや天気を伝え合おう。	○大きな声と笑顔で楽しい雰囲気をつくる。 ○教師のスモールトークを聴かせ，内容についての質問を数人にしていく。 ○めあてを提示し，意欲を高めさせる。 　遊びや天気を伝え合おう。
〔Main activities〕 4　チャンツをする。（Let's Chant：p.6） 5　天気の聞き取りをする。 　　　　　（Let's Listen ③：p.9） 6　世界の天気を見る。 　　　（Let's Watch and Think ②：p.9） 7　好きな遊びを伝え合う。 　It's rainy. Let's play cards. 　○交流 　・自分が好きな遊びを伝える。 　・自分の好きな遊びが相手も好きかどうかを尋ねる。 　・答える側が好きな場合には，Yes で回答する。 　・苦手や知らない時は，No で回答し，他の遊びを提案する。 　・慣れてきたら，天気を教師が指定する。	○ "How's the weather?" を言わせる。 ○ Let's Listen ③で国名と天気を聞かせ，天気の絵を描かせる。 ○映像にあった国や天気を確認する。 ○デモンストレーションを見せる。はっきりと相手に伝わるようなモデルを示す。 ○最初は隣の人とペアで行わせる。慣れてきたら，グループの子どもとペアで行わせる。十分に慣れるまで交流する。 ○途中で遊びを上手に伝えている子どもを，お手本として実演させる。 ○相手の目を見て言わせる。 ○言うことが困難な子どもには支援をしたり，友達と一緒に言わせたりする。 ※やりたい遊びについて尋ねたり答えたりして伝え合っている。（思考・判断・表現）〈行動観察（やり取り）〉
〔Looking back〕 8　本時の学習を振り返る。 　○振り返りシートを書き，発表する。 　　・数人が発表する。 9　終わりの挨拶をする。	○振り返りシートを使って，楽しく英語を話したり聞いたりしたかを振り返らせる。 ○残り時間を考慮し，数人に当てる。 ○大きな声で挨拶させる。

■本時の活動と評価のポイント

　本時は，天気に応じて，好きな遊びを友達に尋ねたり，友達の質問に答えたりする時間である。前回までの学習を想起し，自信をもって尋ねたり答えたりするために，チャンツを行う。その後，デジタル教材の音声を聞かせて，再度，教師と子どもとでやり取りをしながら確認する。デジタル教材では，分かろうとして丁寧に聞き取りながら，繰り返し伝え合う表現を聞かせて慣れさせていく。

　交流の場面では，教師と ALT とのやり取りをデモンストレーションとして行うことでモデル提示をする。その後，代表の子どもと ALT，代表の子ども同士とでモデルを示す。そして，その後ペアで行うなど，子ども達の不安を解消できるような手立てを取る。

　評価は，グループで行う交流の場面でのやり取りを教師がチェックする。交流の途中では，上手な子どもに全体の前で発表の機会を与え，そして，コメントをした後，再度，クラス全体での交流を続けさせる。

〔**Warming up**〕

1　はじめの挨拶をする。

2　スモールトークを聞き，内容についての質問に答える。

■観察のポイント■
　前回までに使ってきた言葉を繰り返し使い，教師の話が聞き取れているか，質問に対して，英語で言えそうになっているかなどを確認するために，数名に指名して答えさせてみる。その際にどのくらい聞き取れているか，質問に英語で答えられているかなど確認する。また，大切なところを繰り返す。

3　めあてを確認する。　　遊びや天気を伝え合おう。

〔**Main activities**〕

4　チャンツをする。（Let's Chant：p.6）

■観察のポイント■
　デジタル教材の音声に合わせながら，はっきりとした声で楽しそうに言っているか。言いにくいところがあった時には，繰り返しやってみる。

5　天気の聞き取りをする。（Let's Listen ③：p.9）

■観察のポイント■
　国名と天気を聞き取っているか。つぶやきを拾いながら子どもに返していく。確認のために，子どもに質問してもよい。

6　世界の天気を見る。（Let'sWatch and Think ②：p.9）

■観察のポイント■
　聞き取れるかどうかよりも，世界の天気の様子を知ることをポイントとする。日本と比べ

てどのような印象かを言わせることで，世界の様子を知る機会とする。さまざまな気付きを拾い，全体に紹介する。

7　好きな遊びを伝え合う。

■観察のポイント■

天気に応じて，自分の好きな遊びを相手に伝えているか。また，相手の言葉を受けて答えているか。相手の目を見ながらうなずいたり，笑顔で言葉を返したりしているかを観察する。状況によっては，途中で子どもによるモデルを見せて，さらによりよくなるように修正を図るとともに，教室を回りながらコメントしていく。

評価のポイント【評価の観点：思考・判断・表現】（話すこと［やり取り］）

評価は伝える側と答える側とに分けて見ていく。

伝える側。相手に対して，はっきりとした声でジェスチャーも交えながら自分の好きな遊びを伝え，さらに好きかどうかについて聞いている。

答える側。相手の話を受けて，自分の思いを伝え，さらに会話を続けられるように言葉をつないでいる。

本時の評価の観点は「思考・判断・表現」であることから，英語の発音や流暢さなどは第二義的なものとして取り扱い，子ども達が使えるようになった言葉を用いながら，相手の言葉を受けて答えているかを観察する。

交流場面では，モデル提示を挟んだ後半部分で子どもを評価する。併せて，苦手な子がいた場合には，モデル提示や教え合いなどを行いながら，直接教師が教えたりするなどして対応する。

取り扱っているのは3時間目であることから，最後の4時間目に向けての練習の意味合いもある。そのために，さらに質を向上させるために，さまざまなコメントや褒め言葉を与えて，練習をさせたい。もちろん，同時に観察しながら評価していくことも忘れてはならない。

コメントひとつや褒め言葉で，子どもは大きく変わるものである。特に普段使わない英語を学ぶ時には，なおさらである。

〔Looking back〕

8　本時の学習を振り返る。

・振り返りシートを書き，発表する。

■観察のポイント■

授業の内容ややり取りについて，自分の頑張った点や友達のよいところを素直に認め合っているか。

9　終わりの挨拶をする。

事例3　Unit3　I like Mondays.　すきな曜日は何かな？

■目標

○世界の子ども達の生活を知るとともに，曜日の言い方や曜日を尋ねたり答えたりする表現
　に慣れ親しむ。　　　　　　　　　　　　　　　　　　　　　　　　　　　　（知識・技能）

○自分の好きな曜日について，尋ねたり答えたりして伝え合う。　　　　　　（思考・判断・表現）

○相手に配慮しながら，自分の好きな曜日を伝え合おうとする。　　　　　　　　　　（態度）

■計画（3時間）

	主題	主な活動	使用するフレーズ・単語
1	世界の子ども達の生活を知り，曜日の言い方や曜日を尋ねたり答えたりする言い方に慣れ親しむ。	○スリーヒントクイズ ○世界の子ども 　　（Let's Watch and Think ①：p.11） 　・世界の子ども達の生活を知る。 ○予定聞き取り（Let's Listen：p.12） 　・1週間の予定を聞き取る。 ○歌（Sunday, Monday, Tuesday） ○振り返り	What day is it? It's（Monday）. 曜日（Monday, Tuesday, Wednesday, Thursday, Friday, Saturday, Sunday）
2	好きな曜日を尋ねたり答えたりする。	○歌（Sunday, Monday, Tuesday） ○チャンツ（Let's Chant：p.11） ○曜日クイズ（Let's Play：p.12） 　・曜日クイズを出し合う。 ○インタビューをしよう（ペアワーク） 　・好きな曜日について尋ね合う。 ○振り返り	What day is it? It's（Monday）. Do you like（Monday）? Yes, I do./No, I don't. What day do you like? I like（Monday）. 曜日（Monday, Tuesday, Wednesday, Thursday, Friday, Saturday, Sunday）
3 本時	自分の好きな曜日を伝え合う。	○歌（Sunday, Monday, Tuesday） ○チャンツ（Let's Chant：p.11） ○好きな曜日 　　（Let's Watch and Think ②：p.12） 　・好きな曜日を尋ねる様子を見て，分かったことを記入する。 ○好きな曜日を伝え合う。 　　　　　　　　　　（Activity：p.13） 　・自分と同じ曜日が好きな人を探す。 ○振り返り	What day is it? It's（Monday）. Do you like（Monday）? Yes, I do./No, I don't. What day do you like? I like（Monday）. 曜日（Monday, Tuesday, Wednesday, Thursday, Friday, Saturday, Sunday）

■本時の主なねらい

○相手に配慮しながら，自分の好きな曜日を伝え合おうとする。　　　　　　　　（態度）

■展開

学習活動	○教師の支援　※評価の観点〈評価方法〉
〔**Warming up**〕 1　はじめの挨拶をする。 2　歌を歌う。 　　　　　♪ Sunday, Monday, Tuesday ♪ 3　チャンツをする。（Let's Chant：p.11） 4　めあてを確認する。 　┌─────────────────┐ 　│相手のことを考えながら，好きな曜日 　│を伝え合おう。 　└─────────────────┘	○英語で挨拶をし合う。 ○一緒に歌ったり，リズムに乗ってチャンツを言ったりして楽しい雰囲気をつくる。 ○めあてを提示し，意欲を高めさせる。 　┌─────────────────┐ 　│相手のことを考えながら，好きな曜日を伝 　│え合おう。 　└─────────────────┘
〔**Main activities**〕 5　好きな曜日について尋ねたり，遊びに誘ったりする様子から分かったことを書く。（Let's Watch and Think ②：p.12） 6　自分と同じ曜日が好きな人を見つける。 　・デモンストレーションを見て，やり方や表現を確認する。 　A：What day do you like? 　B：I like（Fridays）. 　A：Why? 　B：I have（the soccer club）. 　　　What day do you like? 　・その曜日が好きな理由を伝え合う。 　・相手の顔を見て聞いている。 　・相手の反応を見ながら尋ねたり答えたりしている。 　・好きな曜日が同じだった友達やその曜日が好きな理由など，分かったことを発表する。	○映像を見せる。 ○分かったことを確認する。 ○デモンストレーションを見せる。 ○教師がA，子どもはBとなって自分の好きな曜日を入れて言い合う。役割を交代して言う。 ○教室を歩いてペアを見つけ，好きな曜日を伝え合わせる。 ○その曜日が好きな理由も言わせる。 ○相手の目を見て聞いたり言ったりさせる。 ○言うことが困難な子どもには支援をする。 ○やり取りの様子を録画する。 ※相手に配慮しながら，自分の好きな曜日を伝え合おうとしている。（態度）〈パフォーマンス評価・動画分析（やり取り）〉
〔**Looking back**〕 7　本時の学習を振り返る。 　○振り返りシートを書き，発表する。 　・数人が発表する。 8　終わりの挨拶をする。	○振り返りシートを使って，相手の反応を見ながら，英語で好きな曜日を伝え合ったかを振り返らせ，数人に当てる。 ○子どものよかったところを褒める。 ○心をこめて挨拶させる。

■本時の活動と評価のポイント

　子ども達は外国語活動の授業にも慣れ，教師や友達と英語を使ってやり取りすることの楽しさを感じる頃だと思われる。本時では，慣れ親しんだ表現を使って好きな曜日を尋ね合い，自分と同じ曜日が好きな友達を探す活動を行う。英語を使ったやり取りを通して，自分と同じ曜日が好きな友達を見つけて喜んだり，自分とは違う曜日が好きな友達から，その曜日が好きな理由を聞いて新たな一面に気付いたりする。さらに相互理解が深まり，人と関わるよさを実感できることが期待される。ここでは，やり取りの場面を評価するが，後に子ども達の表現等を分析できるよう動画に収めておくことも勧めたい。

〔**Warming up**〕

1　はじめの挨拶をする。

2　歌を歌う。　♪ Sunday, Monday, Tuesday ♪

3　チャンツをする。（Let's Chant：p.11）

■観察のポイント■
　CDや電子黒板の音声やリズムに合わせながら，楽しく歌ったりチャンツを言ったりしているか。

4　めあてを確認する。　相手のことを考えながら，好きな曜日を伝え合おう。

〔**Main activities**〕

5　好きな曜日について尋ねたり，遊びに誘ったりする様子から分かったことを書く。

（Let's Watch and Think ②：p.12）

■観察のポイント■
　積極的に映像を見ながら，聞き取った言葉から話の内容を推測しようとしているか。

6　自分と同じ曜日が好きな人を見つける。（やり取り：評価）

　A：What day do you like?

　B：I like（Fridays）.

　A：Why?

　B：I have（the soccer club）.

　　　What day do you like?

　○やり取りをする前に

　　・教師と全体で役割を変えながらしっかりと表現に言い慣れ，自信をもってやり取りに向かえるようにする。子どもの表情を観察し，状況を把握する。

　　・相手の目を見る，表情や声の大きさなど，やり取りをする際に大切なことを確認する。

　　・好きな曜日の理由も尋ねるように伝える。言える表現は英語で，難しい場合は日本語でもよいことを伝える。

・やり取りのはじめと終わりには気持のよい挨拶をするように伝える。

○モデル提示

・活動の途中で相手に反応しながら表情豊かにやり取りしているペアや子どもを紹介する。

・好きな曜日の理由について，表現を変えている子や粘り強くやり取りをしている子どもがいれば紹介する。いない場合は，指導者が例を示す。

評価シート例〈教師用：1単元を通して記録する〉

名前	評価のポイント		
	表情・態度	工夫	表現
A	○　　△	○　　△	○　　△
B	○　　△	○　　△	○　　△

評価のポイント【評価の観点：主体的に学習に取り組む態度】（話すこと［やり取り］）

相手に配慮しながら，自分の好きな曜日を伝え合おうとしている。

本時の評価の観点は「主体的に学習に取り組む態度」である。ここでは，単に継続的な行動や積極的な発言など，性格や行動面の傾向を評価するのではない。知識及び技能を習得したり，思考力，判断力，表現力を身に付けたりするために試行錯誤を繰り返し，自らの学習を調整しながら学ぼうとしているかという意欲をもって学習に取り組む態度を評価することが大切である。まずは，今まで慣れ親しんできた表現を使い，相手の目をしっかりと見て気持ちのよいやり取りをしているかを中心に評価する。また，対話からよりよい表現を自分のやり取りに生かしたり，相手の様子を見ながら自己調整したりしようとしている様子も評価したい。モデル提示では，前者のモデルとなるような子どもを紹介するとともに，工夫しながらやり取りしている子どもの姿を紹介したい。こうすることで，他の子どもは，相手に自分のことを伝えるために自己調整しようとする子どもを確認することで，技能を向上させることができるのである。

評価をするに当たっては，録画することをお勧めする。子ども達の様子を再度確認し，じっくりと分析することが可能である。その際には，もれなく全員のやり取りが録画されているかを確認する必要がある。録画することが難しい場合は，上に示したような評価シートを活用し，子どもの見取りをするとよい。

〔Looking back〕

7　本時の学習を振り返る。

・振り返りシートを書き，発表する。

■観察のポイント■

自分の頑張った点や友達のよいところを素直に認め合っているか。

8　終わりの挨拶をする。

事例４　Unit4　What time is it?　今，何時？

■目標

○世界の国や地域によって時刻が異なることに気付くとともに，時刻や生活時間の言い方や尋ね方に慣れ親しむ。　　　　　　　　　　　　　　　　　　　　　　　　　　（知識・技能）

○自分の好きな時間について，尋ねたり答えたりして伝え合う。　　　　　（思考・判断・表現）

○相手に配慮しながら，自分の好きな時間について伝え合おうとする。　　　　　　　（態度）

■計画（４時間）

	主題	主な活動	使用するフレーズ・単語
1	時刻や日課の表現を知り，教師や登場人物の生活を聞く。	○どんな場面かな？（pp.14-15）　時刻と日課の言い方を知る。 ○スモールトーク ○日程確認 　（Let's Watch and Think ①：p.15） ○チャンツ（Let's Chant：p.15） ○振り返り	What time is it? It's（8：30）. 数字（forty, fifty, sixty）， a.m., p.m., about 日課 （〔wake-up/breakfast/study/lunch/snack/homework/TV/bath/bed/dream〕time)
2	時刻や日課について聞いたり言ったりする。	○チャンツ（Let's Chant：p.15） ○ポインティング・ゲーム ○子ども日課 　（Let's Watch and Think ②：pp.16-17） ○時刻聞き取り（Let's Listen：p.16） ○振り返り	What time is it? It's（8：30）. 数字（forty, fifty, sixty）， a.m., p.m., about 日課 （〔wake-up/breakfast/study/lunch/snack/homework/TV/bath/bed/dream〕time)
3	日課や好きな時間について，伝え合う。	○チャンツ（Let's Chant：p.15） ○ビンゴゲーム ○スモールトーク ○（ペアワーク）：友達の生活や好きな時間を知ろう。 ○振り返り	What time is it? It's（8：30）. I like（7：00）p.m. It's（TV）time. How about you?
4 本時	自分の好きな時間を伝え合う。	○チャンツ（Let's Chant：p.15） ○スモールトーク 　・教師や ALT の好きな時間や日課を伝える。 ○好きな時間を伝え合う。 　　　　　　　　　　（Activity：p.17） ○振り返り	What time is it? It's（8：30）. I like（7：00）p.m. It's（TV）time. How about you?

■本時の主なねらい

○相手に配慮しながら，自分の好きな時間を伝え合おうとする。　　　　　　　　　　　（態度）

■展開

学習活動	○教師の支援　※評価の観点〈評価方法〉
〔**Warming up**〕	
1　はじめの挨拶をする。	○英語で挨拶をし合う。
2　チャンツをする。（Let's Chant：p.15）	○一緒にリズムに乗ってチャンツを言い，楽しい雰囲気をつくる。
3　めあてを確認する。	○めあてを提示し，意欲を高めさせる。
相手に伝わるように工夫して，好きな時間を伝え合おう。	相手に伝わるように工夫して，好きな時間を伝え合おう。
〔**Main activities**〕	
4　スモールトーク	○子どもとやり取りをしながら話を聞かせる。
・ALTか学校の先生の日課と好きな時間についての話を聞く。	
・指導者の質問に答える。	
5　好きな時刻とその理由を伝え合う。 （Activity：p.17）	○デモンストレーションを見せ，表現の確認をする。
・デモンストレーションを見て，自分の好きな時間の伝え方を確認する。	○AとBに分かれ，自分の好きな時刻と理由を言い合う。役割を交代して言う。
・ペアで活動する。	○教室を歩いてペアを見つけ，好きな時刻とその理由を伝え合わせる。
・全体で活動する。	
A：I like 7 a.m. B: Why?	○相手の話にしっかりと反応しながら聞いたり言ったりさせる。
A：I like breakfast time.	
I like *miso* soup. How about you?	○分かったことを交流させる。
B：I like 3 p.m. A: Why?	○やり取りの様子を録画する。
B：It's snack time. I like cakes.	※相手に配慮しながら，自分の好きな時間を伝え合おうとしている。（態度）〈パフォーマンス評価・動画分析（やり取り）〉
・相手の反応を見ながら尋ねたり答えたりしている。	
・分かったことを発表する。	
〔**Looking back**〕	
6　本時の学習を振り返る。	○振り返りシートを使って，相手のことを考え，英語で好きな時間を伝え合ったかを振り返らせ，数人に当てる。
○振り返りシートを書き，発表する。	
・数人が発表する。	
7　終わりの挨拶をする。	○子どものよかったところを褒める。
	○心をこめて挨拶させる。

■本時の活動と評価のポイント

　本単元では，一日の生活を題材とし，友達や教師はどんな一日を送っているのか，何をしている時間が好きなのかを英語で伝え合う。また，世界の国や地域の子ども達の生活の様子を知るとともに，身近な友達や教師もそれぞれに違った生活を送っていることを改めて知り，相互理解が深まる。本時では，慣れ親しんできた表現を使って好きな時刻とその理由を尋ね合う。前単元同様，やり取りの場面を評価する。後に子ども達の表現やコミュニケーション力等を分析できるように動画に収め，前単元からの成長を見い出すことも可能である。

〔Warming up〕

1　はじめの挨拶をする。

2　チャンツをする。（Let's Chant：p.15）

■観察のポイント■

　電子黒板の音声やリズムに合わせながら，チャンツを言っているか。

3　めあてを確認する。

| 相手に伝わるように工夫して，好きな時間を伝え合おう。 |

〔Main activities〕

4　スモールトーク

■観察のポイント■

　子どもとやり取りをしながら進め，他の子どもにとってのモデルを示す。聞いている子どもの様子を観察しながら，理解度や自信をみる。

5　好きな時刻とその理由を伝え合う。（Activity：p.17）

　A：I like 7 a.m.

　B：Why?

　A：I like breakfast time.

　　　I like *miso* soup. How about you?

　B：I like 3 p.m.

　A：Why?

　B：It's snack time. I like cakes.

　　○やり取りをする前に

　　・全体で役割を変えながらしっかりと口慣らしをし，自信をもってやり取りに向かえるようにする。子どもの表情をしっかりと観察し，子どもの状態を把握する。

　　・相手の反応を見ながら伝えるなど，やり取りをする際に大切なことを確認する。

　　・やり取りのはじめと終わりには気持のよい挨拶をするように伝える。

　　○モデル提示

・相手に反応しながら表情豊かにやり取りしているペアや子どもを紹介する。

・好きな時間など，表現や伝え方を調整している子や粘り強くやり取りしている子がいれば，紹介する。いない場合は教師が示す。

評価シート例〈教師用〉

名前	評価のポイント					
	表情・態度		工夫		表現	
A	○	△	○	△	○	△
B	○	△	○	△	○	△
C	○	△	○	△	○	△
D	○	△	○	△	○	△

評価のポイント【評価の観点：主体的に学習に取り組む態度】（話すこと［やり取り］）

　相手に配慮しながら，自分の好きな時間を伝え合おうとしている。

　本時の評価の観点は「主体的に学習に取り組む態度」である。今まで慣れ親しんできた表現を使い，相手の反応を確かめたり，相手の話に反応したりしながら気持ちのよいやり取りをしているかを中心に評価する。また，友達との対話からよりよい表現を自分の表現に生かしたり，相手の様子を見ながら自己調整したりしている様子も評価したい。モデル提示では，前者のモデルとなるような子どもを紹介するとともに，自己調整しながらやり取りしている子どもの姿を他の子どもたちにも紹介したい。そうすることで，粘り強く，相手に自分のことを正しく伝えるために自己調整しようとする子どもが育つ。

　評価をするに当たっては，録画することをお勧めする。子どもたちの様子を再度確認し，じっくりと分析することが可能だからである。また，前単元のやり取りの場面を録画していれば，前単元からの成長を見ることもできる。録画をする際には，もれなく全員のやり取りが録画されているかを確認する必要がある。さらに，子どもの成長を知るためにも，やり取りの前半で録画した子どもは，後半にもう一度録画することを勧める。録画することが難しい場合は，上に示したような評価シートを活用し，子どもの見取りをするとよい。

〔**Looking back**〕

6　本時の学習を振り返る。

　・振り返りシートを書き，発表する。

■観察のポイント■

　授業の内容ややり取りについて，自分の頑張った点や友達のよいところを素直に認め合っているか。

7　終わりの挨拶をする。

事例5　Unit5　Do you have a pen?　おすすめの文房具セットをつくろう

■目標

○文房具などの学校で使う物や，持ち物を尋ねたり答えたりする表現に慣れ親しむ。

(知識・技能)

○文房具など学校で使う物について，尋ねたり答えたりして伝え合う。　(思考・判断・表現)

○相手に配慮しながら，文房具など学校で使う物について伝え合おうとする。　　　　(態度)

■計画（4時間）

	主題	主な活動	使用するフレーズ・単語
1	文房具など学校で使う物の言い方を知る。	○テキストを見てどのような物があるかを発表する。 ○文房具の言い方 　　（Let's Watch and Think ①：p.18） ○ポインティング・ゲーム（pp.18-19） ○I spy ゲーム（Let's Play：p.19） ○チャンツ（Let's Chant：p.19） ○振り返り	glue stick, scissors, pen, stapler, magnet, marker, pencil sharpener, pencil case, desk, chair, clock, calendar, eraser, ruler, crayon 数（1〜60） How many〜？
2	文房具など学校で使う物について，持っているかどうかを尋ねたり答えたりしている。	○ビンゴゲーム ○チャンツ（Let's Chant：p.19） ○カードディスティニーゲーム ○誰の筆箱（Let's Listen：p.20） ○振り返り	Do you have（a pen）？ Yes, I do. / No, I don't. I（have / don't have）a pen.
3 本時	文房具など学校で使う物を持っているかどうかを尋ねたり答えたりして伝え合う。	○チャンツ（Let's Chant：p.19） ○かばんの中 　　（Let's Watch and Think ②：p.20） ○文房具買い物ごっこ 　　　　（Let's Play：p.21） ○振り返り	Do you have（a pen）？ Yes, I do. / No, I don't. I（have / don't have）a pen. How many？ What color？
4	相手に配慮しながら，学校で使う物について伝え合おうとする。	○チャンツ（Let's Chant：p.19） ○スモールトーク ○文房具スピーチ（Activity：p.21） ○振り返り	Hello. This is for 〜. Tow blue pen, one eraser,

■本時の主なねらい

○文房具など学校で使う物について，持っているかどうかを尋ねたり答えたりして伝え合う。

（思考・判断・表現）

■展開

学習活動	○教師の支援　※評価の観点〈評価方法〉
〔Warming up〕	
1　はじめの挨拶をする。♪ Hello Song ♪	○英語で挨拶をする。
2　チャンツをする。(Let's Chant：p.19)	○一緒にチャンツをして，楽しい雰囲気をつくる。
3　めあてを確認する。 持っているかどうかをたずねたり答えたりして伝え合おう。	○めあてを提示する。 持っているかどうかをたずねたり答えたりして伝え合おう。
〔Main activities〕	
4　世界の子ども達が鞄の中に持っている物を知り，自分たちの持ち物と比べて気付いたことを記入する。 　　　(Let's Watch and Think ②：p.20)	○映像を見て，気付いたことなどを発表させる。 ○持っているかどうかを子どもに尋ね，やり取りをする。
5　買い物ごっこをして贈りたい相手に文房具セットを作る。(Let's Play ②：p.21) ・文房具セットを作る。 ・クラスを半分に分けて店員役とお客役で行う。 A：Hello. B：Hello. Do you have a blue pen? A：Yes, I do. How many? B：Two, please. A：Here you are. B：Thank you. Bye. 6　デモンストレーションを見て，次時の発表について考え，準備をする。	○1回に買える個数は一人3個までとする。 ○活動が困難な子どもを支援したり，友達と一緒に言わせたりする。 ○交代する際にモデル提示をしてねらいに迫る。 ※相手の反応を確かめたり，ジェスチャーを交えたり，言い方を変えたりしながら，工夫して伝え合っている。（思考・判断・表現）〈行動観察（やり取り）〉 ○デモンストレーションをする。 　Hello. This is for 〜. I have three blue pencils, one eraser, one blue ruler, a blue stapler, and 〜. Thank you.
〔Looking back〕	
7　本時の学習を振り返る。 ・振り返りシートを書く。 ・数名が発表する。 8　終わりの挨拶をする。	○振り返りシートに，できたことやよかったことなどを記述させる。 ○残り時間を考慮し，数人に当てる。 ○終わりの挨拶をする。

■本時の活動と評価のポイント

　本単元では，子どもの興味・関心の高い文房具を扱う。子どもは，実際によく使っている文房具の言い方を知ることで英語をより身近に感じるであろう。単元の最後に，誰かのために作った文房具セットを紹介する活動を想定している。本時はその第3時で，相手の好みや持ち物を考えながら必要な文房具の買い物ごっこをする。役割を交代して行う中，個々の子どものやり取りを見取ることが必要になる。前半は，世界の子どもたちが鞄の中に持っている物について映像を見たり，自分たちの持ち物と比べたりする。

　各活動の観察のポイントを考えてみたい。

〔Warming up〕

1　はじめの挨拶をする。

2　チャンツをする。（Do you have a pen?）（Let's Chant：p.19　カラオケバージョン）

■観察のポイント■
　実際に自分が持っているかどうかを答えながらチャンツをしているか。

3　めあてを確認する。　　持っているかどうかをたずねたり答えたりして伝え合おう。

〔Main activities〕

4　世界の子ども達が鞄の中に持っている物を知り，自分たちの持ち物と比べて気付いたことを記入する。（Let's Watch and Think ②：p.20）

■観察のポイント■
　映像を見て，自分たちの持ち物と比べてさまざまなことに気付いたり，教師の質問に答えたりしているか。

5　買い物ごっこをして贈りたい相手に文房具セットを作る。（Let's Play ②：p.21）

　A：Hello.

　B：Hello. Do you have a blue pen?

　A：Yes, I do.　How many?

　B：Two, please.

　A：Here you are.

　B：Thank you. Bye.

■観察のポイント■
　まずクラス全体で，教師とやり取りをする。次にペアになって練習する。慣れてきたら2グループに分けて実際の活動を開始する。教師は，子ども達のやり取りに耳を傾け，必要があれば友達と助け合いをさせながら活動を支援する。活動の様子をより詳しく見取るために，動画ビデオを撮影したり，次のような評価シートを用いることも有効である。その際，流暢にやり取りができているかということに目が行きがちであるが，ここでは思考しているかど

うかにフォーカスを当てたい。相手の反応を確かめながら，時にはジェスチャーを交えたり，言い方を変えたりしながら，工夫して伝え合っている様子や，分からない時は聞き返したり確認したりする姿を見取りたい。

評価シート例

名前	評価のポイント		
	表情	ジェスチャー	表現
A	○　△	○　△	○　△
B	○　△	○　△	○　△
C	○　△	○　△	○　△
D	○　△	○　△	○　△

評価のポイント【評価の観点：思考・判断・表現】（話すこと［やり取り］）

　誰かの好みや持ち物などを考えながら，数，色，文房具の種類を伝え合っている。また，相手の言っていることを聞き取っている。

　本時の評価の観点は「思考・判断・表現」であることから，発音や流暢さなど発話の技能だけを重視するのではなく，考えながら言葉を選び伝えようとしている姿を見取るようにする。子どもは，慣れ親しんできた文房具の言い方に加えて，贈りたい相手の好みの色や必要な数などについても考えながら買い物をするであろう。さらに，相手に伝わることを意識して話そうとしたり，聞き取れなかった時や伝わらなかった時にどうするのかということも考えたりするだろう。すぐに答えを出すのではなく，少し時間をかけて見守りたい。"Do you have a pen?" と聞かれた場合，"Yes, I do." で終わるのではなく "What color?" "How many?" 等，必要な情報を聞いたり言ったりしながらやり取りをしようとする様子も観察したい。

6　デモンストレーションを見て，次時の発表について考え，準備をする。

　Hello. This is for 〜. I have three blue pencils, one eraser, one blue ruler, a blue stapler, and 〜. Thank you.

〔**Looking back**〕

7　本時の学習を振り返る。

　・振り返りシートを書き，発表する。

■観察のポイント■

　授業の内容や発表について，自分の頑張った点や友達のよいところを認め合っているか。

8　終わりの挨拶をする。

事例6　Unit6　Alphabet　アルファベットで文字遊びをしよう

■目標

○身の回りには活字体の小文字で表されているものがたくさんあることに気付き，活字体の小文字の読み方に慣れ親しむ。　　　　　　　　　　　　　　　　　　　　（知識・技能）

○身の回りにあるアルファベットの小文字について，クイズを出したり答えたりする。

（思考・判断・表現）

○相手に配慮しながら，好きな色の単語のアルファベットの小文字について伝え合おうとする。　　　　　　　　　　　　　　　　　　　　　　　　　　　　　　　　　　（態度）

■計画（4時間）

	主題	主な活動	使用するフレーズ・単語
1	活字体の小文字とその読み方に慣れ親しみ，身の回りにあるアルファベットの小文字について尋ねたり答えたりする。	○小文字 　　　（Let's Watch and Think：p.22） ○アルファベットさがし 　　　（Let's Play ①：p.23） ○歌（ABC Song）（Let's Sing：p.23） ○チャンツ（Let's Chant：p.23） ○振り返り	小文字（a〜z）, letter, bookstore, juice, news, school, station, taxi, telephone Do you have a 〜? Yes, I do. / No, I don't.
2	相手に配慮しながら，アルファベットの文字について伝え合おうとする。	○歌（ABC Song）（Let's Sing：p.23） ○チャンツ（Let's Chant：p.23） ○おはじきゲーム 　　　（Let's Play ②：pp.22-23） ○振り返り	What's this? Hint, please. How many letters? I have（six）. That's right. Sorry. Try again.
3	相手に配慮しながら，アルファベットの小文字について伝え合おうとする。	○歌（ABC Song）（Let's Sing：p.23） ○チャンツ（Let's Chant：p.23） ○標示聞き取り（Let's Listen：p.24） ○文字当てゲーム（Activity ①：p.25） ○振り返り	news, juice, school, ice cream, flower
4 本時	自分の好きな色の文字について，尋ねたり伝えたりしている。	○歌（ABC Song）（Let's Sing：p.23） ○チャンツ（Let's Chant：p.23） ○ anz ゲーム ○色当てクイズ（Activity ②：p.25） ○振り返り	red, blue, pink, green, brown, black, white, orange, purple, yellow

■本時の主なねらい

○アルファベットの小文字について尋ねたり答えたりして伝え合う。（思考・判断・表現）

■展開

学習活動	○教師の支援　※評価の観点〈評価方法〉
〔Warming up〕	
1　はじめの挨拶をする。	○英語で挨拶をする。
2　歌♪ ABC Song ♪	○一緒に歌ったりチャンツをしたりして，楽しい雰囲気をつくる。
3　チャンツをする。(Let's Chant：p.23)	
4　めあてを確認する。	○めあてを提示する。
アルファベット小文字クイズをしよう。	アルファベット小文字クイズをしよう。
〔Main activities〕	
5　anz ゲーム	
・全員がアルファベットカードの a, z を机の両端に，n を真ん中に置く。	○4人グループになるよう指示する。
	○子どもとデモンストレーションをする。
・じゃんけんをして順に七ならべの要領で置けるカードがあれば出していく。	○出されたカードについては，必ずグループ全員が文字を声に出して言うようにさせる。
・手持ちのカードがなくなるまで行う。	
6　好きな色当てクイズ	○ペアで活動するよう告げる。
（Activity ②：p.25）	○デモンストレーションで表現の確認をする。
・活動方法や表現を確認する。	○活動が困難な子どもを支援したり，友達と一緒に言わせたりする。
A：What's this?	
B：Hint, please.	※アルファベットの小文字について尋ねたり答えたりして伝え合っている。（思考・判断・表現）〈パフォーマンス評価・評価シート点検（やり取り）〉
How many letters?	
A：I have 6 letters.	
B：Do you have a "y"?	
A：No, I don't.	
B：Do you have a "p"?	
A：Yes, I do.	
B：（Is it）purple?	
A：That's right.	
I like purple.	
B：Oh! Nice.（Me, too.）	
〔Looking back〕	
7　本時の学習を振り返る。	○活動を繰り返す中で，工夫したことについて，振り返りシートに記述させる。
・振り返りシートを書く。	
・数名が発表する。	○残り時間を考慮し，数人に当てる。
8　終わりの挨拶をする。	○子どものよかったところを褒める。
	○終わりの挨拶をする。

■本時の活動と評価のポイント

　子どもは，3年生でアルファベットの大文字に出会っている。4年生では，そのような経験も踏まえ，身の回りにある看板や標示から小文字を探し出したり，大文字と比較して小文字に慣れ親しんだりする。第4時（4時間計画）では，子どもがこれまでに慣れ親しんだ表現を使って，小文字クイズを作ってコミュニケーションを楽しむ中で，小文字の名称を読んだり認識を深めたりしている様子を見取っていく。

〔Warming up〕

1　はじめの挨拶をする。

2　歌（♪ ABC Song ♪）（Let's Sing：p.23）

3　チャンツをする。（Let's Chant：p.23）

4　めあてを確認する。　　アルファベット小文字クイズをしよう。

〔Main activities〕

5　anz ゲーム

　じゃんけんをして順に七ならべの要領で置けるカードがあれば出していく。その際，出すカードの文字を声に出して言うようにする。手持ちのカードがなくなるまで行う。

■観察のポイント■

　アルファベットの小文字を言おうとしているかどうか。間違ったり分からなかったりした時は，友達と助け合いながら言い直そうとしているか。

6　好きな色当てクイズ（Activity ②：p.25）

A：What's this?	B：Hint, please. How many letters?
A：I have 6 letters.	B：Do you have a "y"?
No, I don't.	B：Do you have a "p"?
A：Yes, I do.	B：（Is it）purple?
A：That's right. I like purple.	B：Oh! Nice.（Me, too.）

■観察のポイント■

　子どもの意欲を高めるため，クイズ形式で活動する。3年生で触れた "What's this?" や "That's right." "Close." "Sorry." "Try again." などのクイズで使う表現に再度慣れ親しませたい。それぞれの子どもが，好きな色を選ぶ中でアルファベットの読み方を確認させる。

　活動の様子を観察する際は，スムーズに会話が言えているかどうかだけをチェックするのではなく，相手の様子を見ながら繰り返し言ったり，ヒントの出し方を変えたり言い方を考えたりして伝えている姿を見取りたい。分からなければ聞き返したり，時にはジェスチャーも交えながら「伝えようとしているか」「理解しようとしているか」を観察する。ペアやグループで活動するので，教師は子どもの中に入ってやり取りに耳を傾けることが大切である。

以下に示すような評価シートを指導者が持ち，子どもの活動を見取りながら，記入していくと便利である。

評価シート例

名前	評価のポイント					
	ヒント		伝え合い		表現	
A	○	△	○	△	○	△
B	○	△	○	△	○	△
C	○	△	○	△	○	△
D	○	△	○	△	○	△

評価のポイント【評価の観点：思考・判断・表現】（話すこと［やり取り］）

　アルファベットの小文字について尋ねたり答えたりして伝え合っている。

　本時の評価の観点は「思考・判断・表現」である。思考・判断・表現とは，相手に伝えられるように，相手の状況を考えながら言葉を使って確実に伝わるようにすることである。また相手からの質問や答えに対しても確実に理解するように，さまざま考えをめぐらせて，試行錯誤を繰り返し，自らの学習を調整しながら学ぼうとしているかどうかという意思的な側面も評価することが大切である。

　本時は主にクイズ形式で活動を進めるが，発音や流暢さなど発話の技能だけにフォーカスを当ててしまうことのないようにしたい。聞き取れなかった時は "Once more, please." と聞き返し，伝わってないと思われる時は言い方を変えてみるなど，相手の反応を見ながら話して理解を深めることや，どうすればより相手に伝わるかを考えながらやり取りをしているか評価したい。

　子どもは，本単元ではじめてアルファベットの小文字に出合う。小文字の定着率が悪いことより，大文字を学習した時より複雑で負担を感じる子どももいることであろう。教師は，子ども同士の関わりを大切にしながら，楽しく無理なく活動を展開する中で，アルファベットの小文字に親しんでいく様子を見取りたいものである。勉強している感覚ではなく，遊びとして文字に触れさせることが大切である。

〔Looking back〕

7　本時の学習を振り返る。

　・振り返りシートを書き，発表する。

■観察のポイント■

　授業の内容や発表について，自分の頑張った点や友達のよいところを認め合っているか。

8　終わりの挨拶をする。

事例７　Unit7　What do you want?　ほしいものは何かな？

■目標

○食材の言い方や尋ね方を知り，欲しいものを尋ねたり要求したりする表現に慣れ親しむ。

(知識・技能)

○欲しい食材などを尋ねたり要求したりするとともに，考えたメニューを紹介し合う。

(思考・判断・表現)

○相手に伝わるように配慮しながら，伝わるように自分の好きな材料が入ったオリジナルピザを紹介しようとする。

(態度)

■計画（５時間）

	主題	主な活動	使用するフレーズ・単語
1	単元のゴールを知る。食材の言い方や欲しいものを尋ねる表現を知る。	○スモールトーク ○市場の様子 　　（Let's Watch and Think：p.27） ○おはじきゲーム 　　（Let's Play：pp.26-27） ○チャンツ（Let's Chant：p.27） ○振り返り	What do you want? I want 〜, please. vegetable, potato, cabbage, corn, cherry, sausage
2 本時	欲しいものを尋ねる表現や数を尋ねたり答えたりする表現などを使って，買い物をする。	○チャンツ（Let's Chant：p.27） ○おはじきゲーム 　　（Let's Play：pp.26-27） ○買い物ゲーム ○振り返り	What do you want? I want 〜, please. How many? (Two), please.
3	オリジナルパフェを作り，紹介する。	○チャンツ（Let's Chant：p.27） ○パフェ線むすび 　　（Let's Listen ①：p.28） ○パフェ紹介（Activity ①：p.28） ○振り返り	I like 〜. This is my parfait.
4	グループごとにオリジナルピザを作る。	○果物線むすび（Let's Listen ②：p.29） ○オリジナルピザ作り 　　（Activity ②：p.29） ○振り返り	
5	オリジナルピザを紹介する。	○オリジナルピザ紹介 　　（Activity ②：p.29） ○どれが一番おいしそうかな？ ○振り返り	

■本時の主なねらい

○自分の欲しいものやその数を尋ねたり，場の状況や相手に応じて答えたりする。

（思考・判断・表現）

■展開

学習活動	○教師の支援　※評価の観点〈評価方法〉
〔**Warming up**〕	
1　はじめの挨拶をする。	○明るい声と笑顔を意識して挨拶し，楽しい雰囲気をつくる。
2　チャンツをする。（Let's Chant：p.27） 3　おはじきゲームをする。（復習）	○英語の音声やリズムに慣れ親しむことができるようにする。 ○ "What do you want?" "I want ～, please." 等の表現を復習できるようにする。
4　めあてを確認する。	○めあてをつかむことができるようにする。
欲しいものや数を伝え合おう。	欲しいものや数を伝え合おう。
〔**Main activities**〕	
5　買い物ゲームをする。 ○デモンストレーション ○買い物ゲーム（1回目） ・野菜カード，果物カード（子ども用）を使って買い物ゲームをする。 ・お店屋さん役とお客さん役に分かれる。 ・クラスの人数や実態を考慮し，グループやペアでお店を設定してもよい。 ○買い物ゲーム（2回目） ・1回目と役割を交代する。	○教師が店の人になったり，クラスを2つ（お店側，お客側）に分けたりして表現を思い出したり，練習したりする場を設定する。 ○個人でする（お店を出す）場合には，お客側の子どもの数に配慮する。 ○教師が買い物メモ（数と共に野菜や果物の絵をかいたもの）を用意しておき，それに従って買い物をさせることも考えられる。 ○なるべく既習表現と結び付けたり，簡単な英語に置き換えたりするように考える。 ○1回目の友達のよさを取り入れたりしながら2回目のゲームを行うように声をかける。
	※自分の欲しいものやその数を伝えたり，場の状況や相手に応じて答えたりしている。（思考・判断・表現）〈パフォーマンス評価（やり取り）〉
〔**Looking back**〕	
6　本時の学習を振り返る。 ○振り返りシートを書き，発表する。	○本時のねらいの達成度や友達のよさ，自分の学び等について振り返らせる。 ○次時への意欲をもてるようにする。
7　終わりの挨拶をする。	

■本時の活動と評価のポイント

本時は，友達とのやり取りに重点を置き構成している。

第1時で欲しいものを尋ねたり，答えたりする言い方を知った子どもには，その表現を繰り返し使って慣れ親しんだり，自分の思いを伝えたりする場が必要である。そこで本時では，買い物ゲームを設定し，自分の欲しいもの（食材）を手に入れる活動を設定している。教師が買い物メモを作って子どもに渡し，それに従って買い物をしたり，グループごとに集めた食材を持ち寄り，どのような料理ができるかを考えたりすることで，目的意識をもった活動につながる。オリジナルパフェやピザを作って発表するという単元のゴールに向かい，英語表現にも慣れるようにする。

活動を行いながら，「英語で言いたいけど言えない」ことを体感的に捉え，クラスで共有したり，どのように言えばよいのかと考えたりしながら，その場面に応じた英語表現をなるべく使えるようにさせる。相手の要求に対して，自分の知っている英語を使って何とか伝えようとしている姿や，今まで学習した内容を思い出し，本時の学習につなげている姿などを積極的に評価していきたい。

2時間目であることより，少々間違った表現を使用したとしても，あまり気にせず，元気よく買い物ができるように指示する。

〔Warming up〕

1　はじめの挨拶をする。

2　チャンツをする。(Let's Chant：p.27)

■観察のポイント■
デジタル教材の音声やリズムに合わせながら，声に出しているか。

3　おはじきゲームをする。(復習)

子ども："What do you want?"

教　師："I want 〜, please."

■観察のポイント■
本時の中心活動に大きく関連するため，欲しいものを尋ねる表現 "What do you want?" が言えているかを確認する。言えていないようならリズムに合わせて言う，手拍子をしながら数回繰り返して言うなど形態を変えながら何度も口に出せるように，全体で取り組む。
答えとなる野菜や果物の名前を聞いてその意味を理解しているかも併せて観察する。適宜絵カードを用いたり，反復させたりしながら意味理解を促す。

4　めあてを確認する。　欲しいものや数を伝え合おう。

〔Main activities〕

5　買い物ゲームをする。（パフォーマンス活動）

○活動をする前に

・Let's Watch and Think を視聴して，どのような表現が使用されているか（"What do you want?" "I want 〜, please." "How many?" "(Two), please." など）を各自でつかむようにする。

・どのような表現が聞こえたかを発表させたり，教師と子ども，子ども同士など形態を変えながらデモンストレーションをしながら練習する。

■観察のポイント■

　教師のデモンストレーションや簡単な話を聞いて，場面や状況，内容を推測しようとしているか。

評価シート例

名前	評価のポイント		
	声の明瞭さ	アイコンタクト	表現
AとE			
BとF			
CとG			
DとH			

評価のポイント【評価の観点：思考・判断・表現】（話すこと［やり取り］）

　欲しいものやその数を尋ねたり答えたりする表現を使って，場の状況に応じてやり取り（買い物）をしている。

　本時の評価の観点は「思考・判断・表現」であることから，英語の発音や文構造の正確さなどは第二義的なものとして取り扱う。

　2回の活動（買い物ゲーム）では，自分の立場（お店側／お客側）や状況に応じて伝えたいことを考え，尋ねたり答えたりしているか，既習表現を思い出し，自分の伝えたいことを伝えているかを観察する。

　また，クラスで共有した互いのよさや新たに得た英語表現などを2回目の活動に生かし，自己の表現の幅を広げている姿も見取りたい。

〔Looking back〕

6　本時の学習を振り返る。

■観察のポイント■

　本時のねらいの達成度や友達のよさ，自分の頑張りや伸び等について振り返ることができている子どもを意図的に指名し，振り返りの質を上げる。

7　終わりの挨拶をする。

事例8　Unit8　This is my favorite place.　お気に入りの場所をしょうかいしよう

■目標

　○世界と日本の学校生活の共通点や相違点を通して多様な考え方があることに気付くととも
　　に，教科名や教室名の言い方や道案内の仕方に慣れ親しむ。　　　　　　　　（知識・技能）

　○自分が気に入っている校内の場所に案内したり，その場所について伝え合ったりする。

（思考・判断・表現）

　○相手に配慮しながら，自分が気に入っている場所について伝え合おうとする。　　　（態度）

■計画（4時間）

	主題	主な活動	使用するフレーズ・単語
1	教室名の言い方や外国の学校の様子を知る。	○お気に入りの場所（校内）クイズ ○ポインティング・ゲーム 　　　　（Let's Play ①：p.31） ○場所当て 　（Let's Watch and Think ①：p.31） ○教室聞き取り（Let's Listen ①：p.30） ○振り返り	This is my favorite place. 学校施設・教室等 classroom, restroom, (science / music / arts and crafts / computer / cooking) room, (school nurse's / school principal's / teachers') office, entrance, library, gym, playground
2	道案内の仕方に慣れ親む。	○お気に入りの場所（校内）クイズ ○線むすび（Let's Listen ②：p.32） ○チャンツ（Let's Chant：p.32） ○道案内の仕方 ○振り返り	What's your favorite place? 学校施設・教室等 Go straight. Turn (right / left). Stop. This is (the music room).
3	お気に入りの場所とその理由を伝え合う。	○チャンツ（Let's Chant：p.32） ○ここどこ 　　（Let's Watch and Think ②：p.32） ○好きな場所（Let's Play ②：p.33） ○振り返り	
4 本時	自分のお気に入りの場所まで道案内したり，お気に入りの理由を伝えたりする。	○チャンツ（Let's Chant：p.32） ○お気に入りの場所（校内）クイズ ○道案内（Activity：p.33） 　・お気に入りの場所をクイズ形式で紹介し合う。	

■本時の主なねらい

○自分のお気に入りの場所までの道案内をし，その理由も伝える。　　　　（思考・判断・表現）

○友達の反応に気を配りながら，積極的に道案内をしようとする。　　　　（態度）

■展開

学習活動	○教師の支援　※評価の観点〈評価方法〉
〔Warming up〕 1　はじめの挨拶をする。 2　チャンツ（Let's Chant：p.32） 3　お気に入りの場所（校内）クイズをする。 4　めあてを確認する。 お気に入りの場所まで案内し，お気に入りの理由を伝えよう。	○明るい声と笑顔を意識して挨拶し，楽しい雰囲気をつくる。 ○英語の音声やリズムに慣れ親しむとともに意味を確認することができるようにする。 ○教師のお気に入りの場所を紹介するクイズを通して，本時のめあてと使用表現等をつかむことができるようにする。 お気に入りの場所まで案内し，お気に入りの理由を伝えよう。
〔Main activities〕 5　お気に入りの場所（校内）確認をする。 6　グループで好きな場所を紹介し合う。 　　　　　　　　　　　　（Activity：p.33） ・お気に入りの場所をクイズ形式で紹介し合う。 ・初めから場所を言うのではなく，校内の地図をもとに現在地からそこまでの道案内をする。 ・案内された方は，それがどこの教室（施設）なのかを当てる。 ・合っていたら "Why?" と理由を尋ね，p.33にメモをする。	○クイズを通して，活動の内容を理解したり，表現の練習をしたりする。 ○校内地図を用意しておく。グループに1枚の場合は，立っている向きや方向が分かりやすくなるように，席を移動して考えてもよいことを伝える。 ○道案内の仕方やお気に入りの理由の伝え方がよかった子どもに，全員の前で発表させることによって，伝え方のよさに全員が気付くことができるようにする。 ※自分のお気に入りの場所までの道案内をし，その理由を伝えている。（思考・判断・表現）〈パフォーマンス評価（やり取り）〉 ※友達の反応に気を配りながら，積極的に道案内をしようとしている。（態度）〈パフォーマンス評価・振り返りカード（やり取り）〉
〔Looking back〕 7　本時の学習を振り返る。 　○振り返りシートを書き，発表する。 8　終わりの挨拶をする。	○友達のよさ，自分の学び等について振り返ることができるように視点を与える。 ○よかったところを伝え，次時への意欲をもてるようにする。

■**本時の活動と評価のポイント**

　本時は，単元の終末の時間であるため，友達を校内のお気に入りの場所まで案内すること，その場所を気に入っている理由を伝えること，そのどちらもが含まれるようクイズ形式の活動を設定している。そうすることで，これまで学習した表現をなるべく多く活用し，互いのお気に入りの場所について，「聞きたい」という意識を高めることができる。さらに，教師のお気に入りの場所クイズをすることで興味をもたせたり，友達の案内を聞く前に予想を立てさせたりして，相手意識をもって活動に臨めるようにする。

　活動はグループごとに行うが，友達の反応を意識しながら道案内をしている子ども，既習表現を使ってお気に入りの理由を伝えようとしている子どもを褒め，みんなの前で発表する機会を設けて伝え方のよさを共有したり，次単元の学びに生かしたりすることができるようにしていく。

　また，グループではなく，臨機応変に誰とでも道案内ができるように，教師側の指名により，ペアで道案内させることも，効果が期待できる。

〔**Warming up**〕

1　はじめの挨拶をする。

2　チャンツ（Let's Chant：p.32）

■観察のポイント■
　デジタル教材の音声やリズムに合わせながら，声に出しているか。

3　お気に入りの場所（校内）クイズをする。

　前もって校内の教師にお気に入りの場所や理由を尋ねておき，本時のグループ活動で用いる表現を使って子ども達にクイズを出す。

■観察のポイント■
　話（クイズ）の大まかな内容が分かっているか。

4　めあてを確認する。　お気に入りの場所まで案内し，お気に入りの理由を伝えよう。

〔**Main activities**〕

5　お気に入りの場所（校内）確認をする。

　クイズの正解を確認した後，その教師になったつもりで道案内をし，内容や表現を理解しているかを確認する。

■観察のポイント■
　クイズの大まかな内容が分かっているか。クイズの正解をもとに，道案内をしようとしているか。

6　グループで好きな場所を紹介し合う。（Activity：p.33）

　お気に入りの場所を初めから言うのではなく，校内の地図をもとに現在地からそこまでの道

案内をしながらクイズ形式で伝える。

　○活動をする前に

　　・自分のお気に入りの場所までの案内について考える時間をとり，それを p.33 にメモをする。

　　・分からない表現は活動の中で確認したり，練習したりする。

　　・道案内を地図上ではなく，実際に校内を使って道案内させることも効果が期待できる。この場合日本語は使用せず，その場所まで英語で案内することをルールとする。

評価のポイント【評価の観点：思考・判断・表現／主体的に学習に取り組む態度】（話すこと [やり取り]）

　自分のお気に入りの場所までの道案内をし，その理由も伝えている。

　友達の反応に気を配りながら，積極的に道案内をしようとしている。

　本時の評価の観点は「思考・判断・表現」と「主体的に学習に取り組む態度」であることから，英語の発音や流暢さなどは第二義的なものとして取り扱う。

　本時までに学習した道案内の表現を用いて，お気に入りの場所まで積極的に案内しているか，既習表現を用いてお気に入りの理由を伝えているかを観察する。友達の反応や動きを見ながら案内の仕方を修正したり，伝わりづらさに気付いて繰り返す，ジェスチャーを交える等，伝え方を工夫したりしているところを積極的に評価したい。

　また，主体的に学習に取り組む態度も評価していることから，少々表現に問題があったとしても，元気よく，明るく，積極的に道案内を行っている場合には形成的評価（個人内評価）として捉え，評価していくことが大切である。このことが，次の活動につながっていくのである。

〔**Looking back**〕

7　本時の学習を振り返る。

■観察のポイント■

　本時のねらいの達成度や友達のよさ，自分の頑張りや伸び等について振り返ることができている子どもを意図的に指名し，振り返りの質を上げる。

8　終わりの挨拶をする。

【参考】

　学校内だけの道案内では，子ども達の興味を引き付けることが難しい場合には以下のことも考えられる。

　　・住んでいる町の地図を使う。

　　・6年で行く修学旅行先の地図を使う。

　　・学校のある都道府県の都庁，道庁，府庁，県庁のある地域の地図を使う。

　　・体育館などに設置した模擬の町（机や椅子，コーンなどを活用）を使って，道案内をする。

事例9　Unit9　This is my day.　ぼく・わたしの一日

■目標

○日本語と英語の音声やリズムなどの違いに気付き，日課を表す表現に慣れ親しむ。

（知識・技能）

○絵本などの短い話を聞いて反応したり，おおよその内容が分かったりする。

（思考・判断・表現）

○相手に配慮しながら，絵本などの短い話を聞いて反応しようとする。　　　（態度）

■計画（5時間）

	主題	主な活動	使用するフレーズ・単語
1	絵本の読み聞かせを聞き，大まかな内容を捉える。	○チャンツ（Let's Chant：p.15） ○絵本の読み聞かせ（pp.34-40） ○ドリル活動 　・日課の表現を繰り返す。 ○振り返り	What time is it? It's ～. wake up, breakfast, wash, my face, brush my teeth, go to school, go home, do my homework, dinner
2	絵本の内容をつかみ，日課の表現に慣れ親しむ。	○チャンツ（Let's Chant：p.15） ○絵本の読み聞かせ（pp.34-40） ○スモールトーク 　（教師の日課紹介） ○振り返り	I wake up. I have breakfast. I wash my face. I brush my teeth. I go to school. I go home. I do my homework. I (finish / have) dinner.
3	絵本以外の表現（日課の表現で子ども達が言いたいもの）に慣れ親しむ。	○ペアワーク 　・絵本以外の日課の表現で子ども達が言いたいものを練習する。 ○自分の日課紹介の準備をする。 ○振り返り	I play (soccer/ baseball/ basketball). tag at～. I eat (ice cream/ snacks) at ～. I watch TV at ～. I take a bath at ～.
4	グループ内で自分の日課を紹介する。	○グループ内発表 ○スモールトーク 　（教師の日課クイズ） ○グループワーク 　・次回に全体でクイズとして出題するものを決定し，練習する。 ○振り返り	I go home at ～. I do my homework at ～. I have my dinner at ～. I go to bed at ～.
5 本時	全体の前で，日課の "Who am I?" クイズをする。	○最終練習 　・グループ内で発表練習をする。 ○全体発表 　・"Who am I?" クイズの出題 ○振り返り	

150

■**本時の主なねらい**

○他のグループが出題するクイズのおおよその内容をつかむ。　　　　　　　　（思考・判断・表現）

○日課が友達に伝わるような工夫をしている。　　　　　　　　　　　　　　　　　　（態度）

■**展開**

学習活動	○教師の支援　※評価の観点〈評価方法〉
〔**Warming up**〕	
1　はじめの挨拶をする。	○挨拶をする日直のサポートをする。
2　めあてを確認する。	○めあてを提示し，発表を意識させる。
日課を比べながらクイズに挑戦しよう。	日課を比べながらクイズに挑戦しよう。
〔**Main activities**〕	
3　グループで最終練習をする。	○グループの練習を見て回りながら，質問に答えたり，必要があれば表現を直したりする。
All：My Friday.	○発表の時に友達が困っていたら助けてあげられるように，余力のある子には友達の内容も覚えるように声かけをする。
A：I go home at 4：00.	
B：I eat ice cream at 4：15.	
C：I play dodgeball at 4：30.	
A：I have dinner at 6：00.	
B：I take a bath at 8：00.	
C：I go to bed at 9：00.	
All：Who am I?	
4　発表をする。	○意識して欲しいポイントを強調する。
○聞き手の時	○言うことが困難な子どもには支援をしたり，友達と一緒に言わせたりする。
・ふさわしい相づちを打ち，友達が発表しやすい雰囲気をつくる。	○相づちを打って，あたたかい雰囲気で発表ができるように声かけをする。
・内容を大まかに捉え，誰についての話なのかを考える。	○次の番のグループの待機場所を発表グループの横に作っておく。
○発表者の時	
・みんなに届く声で伝える。	※自分の日課と比べながら，クイズのおおよその内容をつかんでいる。（思考・判断・表現）〈パフォーマンス評価（聞）〉
・英語特有の音声やリズムを意識する。	
・友達が理解できるように配慮（話す速さの工夫やジェスチャー）をする。	※日課が友達に伝わるように工夫しようとしている。（態度）〈パフォーマンス評価（発表）〉
〔**Looking back**〕	
5　本時の学習を振り返る。	○振り返りシートで，自分がめあてを達成できたか振り返らせたり，友達の頑張りを記入させたりする。
○振り返りシートを書き，発表する。	
6　終わりの挨拶をする。	

■本時の活動と評価のポイント

　前時に，グループ内で自分の日課を紹介してきた。本時の全体発表では，グループのメンバーのうちの１人についての日課を紹介する，"Who am I?" クイズ（誰の日課でしょう？ クイズ）として発表する。前時の内容を追加したり，少しアレンジしたりして，グループで発表内容を分担する。（展開の発表では，１日すべての紹介ではなく，放課後のみの紹介にしている。これは，子ども達の実態に応じて，発表の量を調整する一例で，時刻を表さないことも考えられる）また，聞き手側の際には，自分の日課と比べて相づちを打ちながら，クイズの答えを考えさせる。相づちなどの反応を返すことで互いを応援し合う雰囲気が生まれ，教室が温かい雰囲気になる。これは，発表グループが安心して発表することにもつながるので，まずは教師から進んで肯定的な反応を返したい。

〔Warming up〕

1　はじめの挨拶をする。

2　めあてを確認する。　| 日課を比べながらクイズに挑戦しよう。 |

〔Main activities〕

3　グループで最終練習をする。

　All：My Friday.

　A：I go home at 4：00.

　B：I eat ice cream at 4：15.

　C：I play dodgeball at 4：30.

　A：I have dinner at 6：00.

　B：I take a bath at 8：00.

　C：I go to bed at 9：00.

　All：Who am I?

■観察のポイント■

　グループで協力し練習できているか。表現で子ども達が不安に思っているところをサポートしたり，必要があれば直したりする。

4　発表をする。

　○発表をする前に

　　発表者として，聞き手として，意識してほしいところを強調する。

　○発表中に

　　発表に対して簡単なコメントをし，次の発表グループに意識をもたせる。

　○発表終了後に

　　全員発表したことに賞賛の言葉をかける。

　他のグループが出題するクイズのおおよその内容をつかんでいる。

　日課が友達に伝わるように工夫しようとしている。

　聞き手と発表者を同時に評価するのは難しいため，発表者をビデオ録画しておく。本時で教師は聞き手が内容をおおよそ捉えられているかを中心に評価し，発表者のことは改めて評価できるようにする。

聞き手の時

・ふさわしい相づちを打ち，内容をおおよそ捉えられているか。

・進んでクイズに答えているか。

発表者の時

・みんなに届く声で伝えられているか。

・英語特有の音声やリズムを意識しているか。

・友達が理解できるように配慮（話す速さの工夫やジェスチャー）しているか。

〔**Looking back**〕

5　本時の学習を振り返る。

　・振り返りシートを記入する。頑張っていた友達（グループ）を褒める。

■観察のポイント■

　友達の頑張りを認め，次に自分が発表する時に取り入れたいことを見つけられているか。教師からは，頑張っていた聞き手を褒める。

6　終わりの挨拶をする。

【参考】

　子ども達に英語の読み聞かせをさせることも重要である。この場合，"Let's Try!" や英語の絵本を使用してみることである。高学年の外国語では「読むこと」も技能の1つとして加えられているので，その前段階として，読む練習（モデルを参考に読ませる），ペアでの読み聞かせ，クラス全体の前での読み聞かせなど，工夫ひとつで，楽しく効果的な活動も可能である。もし実践する時には，以上の点に注意したい。

　・本の持ち方

　・本のめくり方

　・声の大きさ、リズム

　・視線

　・感情の込め方

〔別紙１〕小学校及び特別支援学校小学部の指導要録に記載する事項等

〔２〕指導に関する記録

3　外国語活動の記録

　小学校及び特別支援学校（視覚障害，聴覚障害，肢体不自由及び病弱）小学部における外国語活動の記録については，評価の観点を記入した上で，それらの観点に照らして，児童の学習状況に顕著な事項がある場合にその特徴を記入する等，児童にどのような力が身に付いたかを文章で端的に記述する。

　評価の観点については，設置者は，小学校学習指導要領等に示す外国語活動の目標を踏まえ，別紙４を参考に設定する。

〔別紙４〕各教科等・各学年等の評価の観点等及びその趣旨

（小学校及び特別支援学校小学部並びに中学校及び特別支援学校中学部）

２−１．小学校及び特別支援学校（視覚障害，聴覚障害，肢体不自由又は病弱）小学部における外国語活動の記録

⑴評価の観点及びその趣旨

〈小学校　外国語活動の記録〉

観点	知識・技能	思考・判断・表現	主体的に学習に取り組む態度
趣旨	・外国語を通して，言語や文化について体験的に理解を深めている。 ・日本語と外国語の音声の違い等に気付いている。 ・外国語の音声や基本的な表現に慣れ親しんでいる。	身近で簡単な事柄について，外国語で聞いたり話したりして自分の考えや気持ちなどを伝え合っている。	外国語を通して，言語やその背景にある文化に対する理解を深め，相手に配慮しながら，主体的に外国語を用いてコミュニケーションを図ろうとしている。

２−２．特別支援学校（知的障害）小学部における外国語活動の記録

⑴評価の観点及びその趣旨

〈小学部　外国語活動の記録〉

観点	知識・技能	思考・判断・表現	主体的に学習に取り組む態度
趣旨	・外国語を用いた体験的な活動を通して，日本語と外国語の音声の違いなどに気付いている。 ・外国語の音声に慣れ親しんでいる。	身近で簡単な事柄について，外国語に触れ，自分の気持ちを伝え合っている。	外国語を通して，外国の文化などに触れながら，言語への関心を高め，進んでコミュニケーションを図ろうとしている。

＊小学校，中学校，高等学校及び特別支援学校等における児童生徒の学習評価及び指導要録の改善等について（通知）より抜粋

小 学 校 児 童 指 導 要 録 （参 考 様 式）

様式1（学籍に関する記録）

区分＼学年	1	2	3	4	5	6
学　級						
整理番号						

学　籍　の　記　録

	ふりがな			性別	入学・編入学等	年　　月　　日　第 1 学年　入学 　　　　　　　　　　第　　学年編入学
児童	氏　名					
	生年月日	年　　月　　日生			転　入　学	年　　月　　日　第　　学年転入学
	現住所					
保護者	ふりがな				転学・退学等	（　　　年　　月　　日） 　　　年　　月　　日
	氏　名					
	現住所				卒　業	年　　月　　日
入学前の経歴					進　学　先	
学 校 名 及 び 所 在 地 (分校名・所在地等)						

年　度	年度	年度	年度
区分＼学年	1	2	3
校長氏名印			
学級担任者 氏 名 印			

年　度	年度	年度	年度
区分＼学年	4	5	6
校長氏名印			
学級担任者 氏 名 印			

児 童 氏 名	学 校 名	区分＼学年	1	2	3	4	5	6
		学　　級						
		整理番号						

各 教 科 の 学 習 の 記 録

教科	観　点＼学年	1	2	3	4	5	6
国語	知識・技能						
	思考・判断・表現						
	主体的に学習に取り組む態度						
	評定						
社会	知識・技能						
	思考・判断・表現						
	主体的に学習に取り組む態度						
	評定						
算数	知識・技能						
	思考・判断・表現						
	主体的に学習に取り組む態度						
	評定						
理科	知識・技能						
	思考・判断・表現						
	主体的に学習に取り組む態度						
	評定						
生活	知識・技能						
	思考・判断・表現						
	主体的に学習に取り組む態度						
	評定						
音楽	知識・技能						
	思考・判断・表現						
	主体的に学習に取り組む態度						
	評定						
図画工作	知識・技能						
	思考・判断・表現						
	主体的に学習に取り組む態度						
	評定						
家庭	知識・技能						
	思考・判断・表現						
	主体的に学習に取り組む態度						
	評定						
体育	知識・技能						
	思考・判断・表現						
	主体的に学習に取り組む態度						
	評定						
外国語	知識・技能						
	思考・判断・表現						
	主体的に学習に取り組む態度						
	評定						

特 別 の 教 科　道 徳

学年	学習状況及び道徳性に係る成長の様子
1	
2	
3	
4	
5	
6	

外 国 語 活 動 の 記 録

学年	知識・技能	思考・判断・表現	主体的に学習に取り組む態度
3			
4			

総 合 的 な 学 習 の 時 間 の 記 録

学年	学 習 活 動	観　　点	評　　価
3			
4			
5			
6			

特 別 活 動 の 記 録

内　容	観　点＼学年	1	2	3	4	5	6
学級活動							
児童会活動							
クラブ活動							
学校行事							

児 童 氏 名

行 動 の 記 録

項　目　　　学　年	1	2	3	4	5	6	項　目　　　学　年	1	2	3	4	5	6
基本的な生活習慣							思いやり・協力						
健康・体力の向上							生命尊重・自然愛護						
自主・自律							勤労・奉仕						
責任感							公正・公平						
創意工夫							公共心・公徳心						

総 合 所 見 及 び 指 導 上 参 考 と な る 諸 事 項

第1学年		第4学年	
第2学年		第5学年	
第3学年		第6学年	

出 欠 の 記 録

区分　学年	授業日数	出席停止・忌引等の日数	出席しなければならない日数	欠席日数	出席日数	備　　考
1						
2						
3						
4						
5						
6						

【執筆者一覧】（執筆順）

菅　　正隆（大阪樟蔭女子大学教授）

はじめに，本書の特長と使い方，Chapter 1，Chapter 2①第 3 学年 Unit 1，
Chapter 3①，②第 3 学年 Unit 1，Chapter 4①第 3 学年 Unit 1

瀧本　知香（和歌山県和歌山市立安原小学校教頭）

Chapter 2① · 3② · 4①　第 3 学年 Unit 2

三谷　崇浩（和歌山県和歌山市立東山東小学校）

Chapter 2① · 3② · 4①　第 3 学年 Unit 3，4

森川　英美（和歌山県和歌山市立藤戸台小学校）

Chapter 2① · 3② · 4①　第 3 学年 Unit 5，6

髙本　和寿（岡山県笠岡市立中央小学校）

Chapter 2① · 3② · 4①　第 3 学年 Unit 7，8

北野　　梓（大阪府富田林市立高辺台小学校）

Chapter 2①② · 3②③ · 4①②　第 3 学年 Unit 9，第 4 学年 Unit 9

佐々木淳一（岩手県教育委員会主任指導主事）

Chapter 2② · 3③ · 4②　第 4 学年 Unit 1

瀬谷　圭太（岩手県金ケ崎町教育委員会指導主事）

Chapter 2② · 3③ · 4②　第 4 学年 Unit 2

鈴江　裕子（徳島県徳島市立新町小学校）

Chapter 2② · 3③ · 4②　第 4 学年 Unit 3，4

竹内　陽子（徳島県徳島市立福島小学校）

Chapter 2② · 3③ · 4②　第 4 学年 Unit 5，6

岡野有美子（岡山県笠岡市立大井小学校）

Chapter 2② · 3③ · 4②　第 4 学年 Unit 7，8

【編著者紹介】

菅　正隆（かん　まさたか）

大阪樟蔭女子大学教授。岩手県北上市生まれ。大阪外国語大学卒業後，大阪府立高等学校教諭，大阪府教育委員会指導主事，大阪府教育センター主任指導主事，文部科学省初等中等教育局教育課程課教科調査官・国立教育政策研究所教育課程研究センター教育課程調査官を経て，2009年4月より現職。文部科学省教科調査官時代，日本初の小学校外国語活動導入の立役者。英語授業研究学会理事。

著書に，『日々の授業から校内研修・研究授業までフルサポート！小学校外国語活動・外国語授業づくりガイドブック』，『小学校外国語 "We Can! 1" の授業＆評価プラン』，『小学校外国語 "We Can! 2" の授業＆評価プラン』，『小学校外国語活動 "Let's Try! 1 & 2" の授業＆評価プラン』，『アクティブ・ラーニングを位置づけた小学校英語の授業プラン』，『成功する小学校英語シリーズ　3年生からできる！モジュールを取り入れた外国語活動 START BOOK』（以上，明治図書），『平成29年改訂　小学校教育課程実践講座　外国語活動・外国語』（ぎょうせい）等多数。

指導要録記入例＆通知表文例が満載！
小学校外国語活動新3観点の評価づくり完全ガイドブック

2020年2月初版第1刷刊	©編著者	菅　　　正　　隆
2021年1月初版第4刷刊	発行者	藤　原　光　政
	発行所	明治図書出版株式会社

http://www.meijitosho.co.jp
（企画）木山麻衣子　（校正）吉田茜
〒114-0023　　東京都北区滝野川7-46-1
振替00160-5-151318　　電話03（5907）6702
ご注文窓口　　電話03（5907）6668

＊検印省略　　　　　　組版所　藤　原　印　刷　株　式　会　社

本書の無断コピーは，著作権・出版権にふれます。ご注意ください。

Printed in Japan　　　　　　ISBN978-4-18-308527-6
もれなくクーポンがもらえる！読者アンケートはこちらから